D1641616

Viktor E. Frankl · Der unbewußte Gott

Viktor E. Frankl

Der unbewußte Gott

Psychotherapie und Religion

Kösel-Verlag

8. Auflage 1991
© 1974 by Kösel-Verlag GmbH & Co., München. Printed in Germany.
Umschlag: Elisabeth Petersen, Glonn, unter Verwendung eines Fotos
von Anselm Spring, Landsberg.
Gesamtherstellung: Kösel, Kempten.
ISBN 3-466-20302-3

8 9 10 · 95 94 93 92 91

Inhalt

Meiner Schwester

Vorwort zur siebenten Auflage

Die siebente Auflage wurde – abgesehen von einer auf den heutigen Stand gebrachten Bibliographie – um einen Anhang erweitert (12), in dessen Rahmen erstmalig die deutsche Übersetzung eines Vortrags vorgelegt wird, der aus Anlaß der Verleihung des Oskar-Pfister-Preises seitens der amerikanischen Psychiatergesellschaft auf deren Jahrestagung, die 1985 in Dallas, Texas, stattfand, in englischer Sprache gehalten wurde*. Es war dies das erste Mal, daß dieser Preis einem Nicht-Amerikaner verliehen wurde. Benannt wurde er nach dem Schweizer Theologen Oskar Pfister, einem Freund und herausragenden Schüler von Sigmund Freud. Beide standen bekanntlich Jahre hindurch in einem Briefwechsel, der inzwischen auch veröffentlicht wurde (Briefe 1909–1939, hrsg. v. E. Freud/H. Weng, Frankfurt 1981).

Wien, im Mai 1988   Viktor E. Frankl

Vorwort zur dritten Auflage

Diesem Buch liegt ein Vortrag zugrunde, den ich vor einem knappen Dutzend Leuten zu halten hatte und zu dem mich ein Hörerkreis eingeladen hatte, in dem sich kurz nach dem Zweiten Weltkrieg ein paar Wiener Intellektuelle zusammengefunden hatten. In Buchform erschien der Vortrag dann in erster Auflage im Jahr 1948.
Der Anregung seitens des Kösel-Verlags, eine Neuauflage herauszubringen, habe ich jedoch nur zögernd zugestimmt, denn eben im Hinblick auf die inzwischen verstrichene Zeit war mit klar geworden, daß ich nicht mehr bis ins

---

* Die englische Fassung bildet das letzte Kapitel in meinem Buch »Logotherapie und Existenzanalyse (Texte aus fünf Jahrzehnten)«, erschienen bei Piper in München (1987).

Detail zu dem zu stehen vermöchte, was in der Erstfassung vertreten wird. »Oder soll ich mich dessen vielleicht schämen, daß sich meine Gedanken in der Zwischenzeit weiterentwickelt haben?«, frage ich im Vorwort zur englischen Ausgabe.

Zwar habe ich am Text geringfügige Veränderungen angebracht, aber unter meinen Büchern ist »Der unbewußte Gott« meines Erachtens das am gründlichsten durchkomponierte, und es wäre schade gewesen, hätte ich in den Text (1–7) allerhand Ergänzungen aufgenommen und den streng systematischen Duktus gesprengt. So habe ich denn eine Alternative des Lektorats aufgegriffen und aus einer Reihe späterer eigener Publikationen solches Material, das die thematischen Schwerpunkte des »Unbewußten Gottes« umkreist, ausgewählt und in Form eines Nachtrags zusammengestellt (8–11).

Aber nicht nur, was den gegenwärtigen Stand ihrer Ergebnisse anlangt, sollte die Logotherapie nicht einzig und allein vom »Unbewußten Gott« her beurteilt werden, sondern auch hinsichtlich ihrer Flügelspannweite. In dieser Hinsicht mag die verhältnismäßig ausführliche Bibliographie dem Leser wieder nicht nur Hinweise geben auf die Literatur, die sich mit der Anwendung der Logotherapie auf das theologisch-psychotherapeutische Grenzgebiet befaßt, sondern auch auf das Schrifttum, das sich mit der klinischen Praxis beschäftigt und auf Fragen der therapeutischen Technik ebenso eingeht wie auf die kürzlich auch empirisch validierte Motivationstheorie der Logotherapie – ihre Lehre vom »Willen zum Sinn« – und das heute zunehmend aktuell gewordene Sinnlosigkeitsgefühl. Angesichts dieser immer mehr um sich greifenden Massenneurose kann nach wie vor – heute wie vor fünfundzwanzig Jahren – niemand, der ehrlich ist und die Psychotherapie ernst nimmt, deren Konfrontation mit der Theologie aus dem Wege gehen.

Wien–San Diego, im Januar 1974   Viktor E. Frankl

I. Das Wesen der Existenzanalyse

Von Arthur Schnitzler ist ein Wort überliefert, dem zufolge es eigentlich nur drei Tugenden gibt: Sachlichkeit – Mut – Verantwortlichkeitsgefühl. Es erscheint uns nun nicht wenig reizvoll, jeder dieser Tugenden je eine der auf Wiener Boden erwachsenen psychotherapeutischen Richtungen zuzuordnen.

Daß sich hierbei die Individualpsychologie Alfred Adlers zwanglos der Tugend »Mut« zuordnen läßt, erhellt wohl von selbst. Sieht sie doch in ihrem ganzen therapeutischen Vorgehen im letzten selber nichts anderes als den Versuch einer Ermutigung, und zwar zum Zwecke der Überwindung des von ihr für ausschlaggebend, wo nicht ausschließlich pathogen gehaltenen Minderwertigkeitsgefühls.

Ebenso läßt sich aber auch die Psychoanalyse einer der angeführten Tugenden zuordnen, nämlich der Tugend »Sachlichkeit«. War es denn eine andere Tugend, die Sigmund Freud instand setzte, gleich Ödipus der – seelischen – Sphinx in die Augen zu sehen und das Rätsel zu entlocken – auf die Gefahr hin, höchst Peinliches und Unerquickliches zu vernehmen? Zu seiner Zeit war es etwas Ungeheuerliches, und demgemäß war seine Leistung eine ungeheure. Bis zu seiner Zeit war die Psychologie, im besonderen die sogenannte Schulpsychologie, allem ausgewichen, was Freud in die Mitte seiner Lehre gerückt hat; so wie der Anatom Julius Tandler die Somatologie, wie sie an den Mittelschulen gelehrt wurde, scherzhaft als »Anatomie unter Ausschluß des Genitales« zu bezeichnen pflegte, so hätte Freud behaupten können, die Hochschulpsychologie sei eine Psychologie unter Ausschluß des Libidinösen gewesen.

Aber die Psychoanalyse hat der Sachlichkeit nicht nur
gehuldigt – sie ist ihr auch verfallen: Die Sachlichkeit
führte schließlich zur Versachlichung, nämlich zu einer
Versachlichung dessen, was man die Person nennt. Den
Patienten sieht die Psychoanalyse an als beherrscht von
»Mechanismen«, und der Arzt steht in ihrer Optik als derjenige da, der mit diesen Mechanismen umzugehen versteht, der also jene Technik beherrscht, mit deren Hilfe
diese Mechanismen, sobald sie gestört sind, wieder in Ord-
nung gebracht werden können.

Welch ein Zynismus steckt doch hinter solcher Auffassung
von der Psychotherapie als Technik, als »Psycho-Technik«!
Oder ist es nicht etwa so: daß wir den Arzt nur dann als
Techniker hinstellen können, wenn wir zuvor den Patienten, den kranken Menschen, als eine Art Maschine
aufgefaßt haben? Nur ein »homme machine« bedarf des
médecin technicien.

Wie aber gelangte die Psychoanalyse zu dieser ihrer tech-
nisch-mechanistischen Auffassung? Wie bereits angedeutet, ist diese Lehre verstehbar aus der geschichtlichen Epo-
che, aus der sie hervorgegangen; aber nicht nur aus ihr,
sondern auch aus dem gesellschaftlichen Milieu ihrer Zeit –
einem Milieu voll der Prüderie. Auf all dies stellte die
Psychoanalyse eine Reaktion dar; eine Reaktion freilich,
die zumindest in gewissen Stücken heute schon als über-
holt, als – reaktionär gelten darf. Freud hatte aber nicht
bloß »reagiert« auf seine Zeit – er hatte aus ihr heraus
auch »agiert«: Als er seine Lehre schuf, stand er ganz unter
dem Einfluß der damals aufkommenden und späterhin
herrschenden Assoziationspsychologie. Sie aber war durchaus ein Produkt Reduktionismus, dieser ideologischen Erscheinung des späten 19. und des frühen 20. Jahrhunderts.
Dies zeigt sich vielleicht am deutlichsten an den beiden
Grundzügen der psychoanalytischen Lehre: an ihrer psychologischen Atomistik und Energetik.[1]

---

[1] Es ist richtig, daß die Psychoanalyse heute bereits zugesteht, es gebe

Das Ganze der menschlichen Seele wird innerhalb der
Psychoanalyse atomistisch gesehen, indem es gedacht wird
als zusammengesetzt aus einzelnen Teilen, den diversen
Trieben, und die wiederum aus Partialtrieben bzw. Triebkomponenten. So wird das Seelische aber nicht nur atomi-
siert, sondern vollends ana-tomisiert: Analyse des Seelischen wird so nachgerade zu seiner Anatomie.
Dadurch jedoch wird die Seele, die menschliche Person,
wird deren Ganzheit irgendwie zerstört: Die Psychoanalyse »depersonalisiert« den Menschen geradezu; freilich
nicht ohne die einzelnen – einander oft bekämpfenden
– Instanzen innerhalb des seelischen Gesamtgefüges, etwa
das sogenannte Es oder die Assoziations-»Komplexe«,
ihrerseits zu personifizieren (nämlich zu selbständigen,
eigenmächtigen pseudopersonalen Entitäten zu machen),
um nicht zu sagen: zu dämonifizieren.[2]
So destruiert die Psychoanalyse die einheitlich-ganzheit-
liche menschliche Person – um sich zum Schluß vor die
Aufgabe gestellt zu sehen, sie aus dem Stückwerk wieder

---

im Ich eine konfliktfreie Zone (Heinz Hartmann); aber es ist nicht einzusehen, warum sie dafür gelobt werden soll, daß sie etwas zugibt,
was den Nicht-Psychoanalytikern immer schon bekannt war, einfach
weil sie es nicht wie die Psychoanalytiker verleugnet hatten. Mit einem
Wort, es ist nicht einzusehen, warum die Psychoanalyse für ihre Rück-
zugsgefechte Tapferkeitsmedaillen einstecken soll.
[2] Und zwar geht sie in dieser Beziehung so weit, daß sie, um mit Medard
Boss zu sprechen, die Hypothese, besser gesagt Hypostase »einer Ich- oder
Es-Instanz, einer Instanz des Unbewußten und eines Über-Ichs« konstru-
iert und »sich im Grunde der alten Technik der Kindermärchen bedient.
Denn auch diese pflegen die vom Kind erwünschten und gewollten Verhal-
tensweisen der Mutter von deren anderen Möglichkeiten zu isolieren und
sie zur Vorstellung einer eigenständigen Instanz, zu einer guten Fee zu
verdichten; die unangenehmen dagegen, jene, von denen das Kind nichts
wissen will, die es fürchtet, zur Idee einer Hexe zu personifizieren. So
wenig sich indessen der Glaube an diese Märchengestalten aufrechterhal-
ten läßt, werden vermutlich auch die psychologischen Instanz-Vorstellun-
gen nicht in alle Zukunft hinein zu halten sein.« [Schweizerische Zeitschrift für Psychologie und ihre Anwendungen 19 (1960) 299]

zu rekonstruieren. Dies zeigt sich am deutlichsten an jener psychoanalytischen Theorie, der zufolge das Ich als aus »Ich-Trieben« aufgebaut gedacht wird. Das also, was die Triebe verdrängt, was die Triebzensur ausübt, soll selber wiederum Triebhaftigkeit sein. Nun, es ist das so, als ob wir sagen wollten, der Baumeister, der aus Ziegeln einen Bau aufgeführt hat, sei selber aus Ziegeln aufgebaut. Hier bereits sehen wir, eben an diesem sich aufdrängenden Gleichnis, wie echt materialistisch, nämlich wie auf das Materiale (nicht: Materielle) ausgehend, die psychoanalytische Denkweise ist. Dies ist denn auch der letzte Grund ihrer Atomistik.

Aber wir sagten, die Psychoanalyse sei nicht nur atomistisch, sondern auch energetisch. Tatsächlich operiert sie ständig mit Begriffen der Triebenergetik[3] und Affektdynamik. Die Triebe bzw. Triebkomponenten wirken sich nach der Psychoanalyse etwa so aus wie ein Kräfteparallelogramm. Was aber ist Objekt dieser Kräfte? Die Antwort lautet: das Ich. So ist es in psychoanalytischer Hinsicht letztlich ein Spielball der Triebe – oder, wie Freud selbst einmal meinte: Das Ich ist nicht Herr im eigenen Haus.

So sehen wir, wie das Seelische nicht nur genetisch reduziert wird auf Triebhaftigkeit, sondern wie es von der Triebhaftigkeit her auch kausal determiniert ist, und beides in einem totalitären Sinne. Menschliches Sein wird von der Psychoanalyse von vornherein als Getrieben-sein interpretiert. Das ist auch der letzte Grund, warum dann das menschliche Ich im nachhinein aus Trieben rekonstruiert werden muß.

Im Sinne solcher atomisierenden, energetischen und me-

---

[3] Vgl. Sigmund Freud, Drei Abhandlungen zur Sexualtheorie, Wien [7]1946, S. 108: »Die Produktion sexueller Erregung ... liefere einen Vorrat von Energie, der großenteils zu anderen als sexuellen Zwecken verwendet werde, nämlich ... (vermittels Verdrängung ...) zum Aufbau der späteren Sexualschranken.« Oder S. 92: »Wir sehen sie (die Libido) dann sich auf Objekte konzentrieren, an ihnen fixieren, oder aber diese Objekte verlassen, von ihnen auf andere übergehen und von diesen Positionen aus die Sexualbetätigung des Individuums lenken.«

chanistischen[4] Konzeption sieht die Psychoanalyse im
Menschen letztlich die Automatie eines seelischen Appa-
rates.

Hier klinkt die Existenzanalyse ein. Sie stellt der psychoanalytischen Konzeption eine andere entgegen: An Stelle
der *Automatie eines seelischen Apparats* sieht die Existenzanalyse die *Autonomie der geistigen Existenz*. Damit sind
wir aber auch schon wieder dort, woher wir ausgegangen:
bei der Tugendtafel Schnitzlers. Denn sofern wir der Psychoanalyse die Tugend der Sachlichkeit, der Individualpsychologie die des Mutes zuordnen konnten, läßt sich
füglich behaupten, die Existenzanalyse halte es mit der
Tugend »Verantwortlichkeitsgefühl«. Versteht sie doch das
menschliche Sein zutiefst als Verantwortlichsein und sich
selbst als »Analyse auf Verantwortlichsein hin«; denn zur
Zeit, als von uns der Begriff einer Existenzanalyse geprägt
bzw. die Forderung nach ihr erhoben wurde[5], bot sich uns
für dieses Verantwortlichsein, das wir in den Mittelpunkt
des menschlichen Daseins stellten, jener Ausdruck an, den
die zeitgenössische Philosophie für diese ausgezeichnete
Seinsweise des Menschen zur Verfügung stellte: eben das
Wort Existenz.

Wollen wir mit wenigen Worten den Weg rückschauend
überblicken, auf dem die Existenzanalyse zum Verantwortlichsein als dem wesentlichen Grundzug menschlichen
Daseins gelangte, so hätten wir auszugehen von jener In-
version, die wir an der Fragestellung nach dem Sinn des
Daseins vornehmen mußten[6]: Wir bemühten uns darum,

---

[4] Schließlich war es Freud selbst, der die Psychoanalytiker als »unver-
besserliche Mechaniker und Materialisten« bezeichnete (Schriften, Lon-
doner Ausgabe XVII, 29).

[5] Vgl. Viktor Frankl, Philosophie und Psychotherapie. Zur Grundlegung
einer Existenzanalyse, Schweizerische medizinische Wochenschrift 69,
707, 1938.

[6] Vgl. Viktor Frankl, Ärztliche Seelsorge. Grundlagen der Logotherapie
und Existenzanalyse, Wien ¹1946, Frankfurt am Main ¹⁴1987.

den Aufgabencharakter des Lebens aufzuzeigen, mit ihm aber zugleich den Antwortcharakter des Daseins: nicht der Mensch sei es, so erklärten wir, der die Frage nach dem Sinn des Lebens zu stellen habe, vielmehr sei es umgekehrt so, daß der Mensch selber der Befragte ist; daß er selber zu antworten hat; daß er die jeweiligen Fragen, die sein Leben an ihn stellt, zu beantworten hat; nur daß solche Beantwortung immer eine Beantwortung »in der Tat« ist: Nur im Handeln lassen sich die »Lebens-Fragen« wahrhaft beantworten – ihre Beantwortung erfolgt in der Ver-antwortung je unseres Daseins. Ja, »unser« ist das Dasein überhaupt nur, soweit es verantwortetes Dasein ist.

Aber unsere Daseinsverantwortung ist nicht nur eine »in der Tat«, sondern sie kann auch keine andere sein als eine »im Hier und Jetzt« – in der Konkretheit der je gemeinten Person und in der Konkretheit deren jeweiliger Situation. So ist für uns Daseinsverantwortung immer Verantwortung »ad personam« und – ad situationem.

Soweit die Existenzanalyse nun psychotherapeutische Methode sein will, wendet sie sich im besonderen dem neurotischen Daseinsmodus zu, und zwar als einem »verfallenen«: einem der Neurose anheimgefallenen. Ihr letztes Ziel sieht sie darin, den Menschen (hier: im besonderen den neurotischen) zum Bewußtsein seines Verantwortlichseins zu bringen oder das Verantwortung-haben des Daseins vor sein Bewußtsein zu bringen.

Hier müssen wir nun haltmachen. Denn an dieser Stelle zeigt sich, daß auch in der Existenzanalyse irgend etwas bewußt werden, bewußtgemacht werden soll. Läuft demnach das Bestreben der Existenzanalyse anscheinend auf etwas durchaus Analoges hinaus wie das der Psychoanalyse? Dem ist aber nicht ganz so; denn in der Psychoanalyse wird ja Triebhaftes bewußtgemacht, zum Bewußtsein gebracht – in der Existenzanalyse jedoch wird etwas wesentlich anderes, wird nicht Triebhaftes, sondern Geistiges bewußt. Ist doch das Verantwortlichsein bzw. das Verantwortung-haben die Grundlage menschlichen Seins als eines geistigen und nicht als eines bloß triebhaften; geht es doch in der Existenzanalyse um menschliches Sein eben nicht als Getriebensein, sondern um das Verantwortlichsein, eben um die – geistige! – Existenz.

Was mir also hier, in der Existenzanalyse, zu Bewußtsein kommt, ist nicht Triebhaftes – ist nicht Es-haftes, sondern mein Ich; hier kommt dem Ich nicht das Es zu Bewußtsein, hier kommt vielmehr das Ich sich selbst zu Bewußtsein: es kommt zum Bewußtsein seiner selbst, es kommt – zu sich.

2. Das geistig Unbewußte

Unsere Ausführungen im vorausgehenden Abschnitt haben die bisherige verbreitete Auffassung vom Umfang des Unbewußten wesentlich korrigiert. Deshalb sehen wir uns genötigt, bei der Abgrenzung des Begriffs »Unbewußtes« so etwas wie eine Grenzrevision vorzunehmen: Nun gibt es nicht mehr bloß ein triebhaft Unbewußtes, sondern auch ein geistig Unbewußtes; das Unbewußte enthält nicht nur Triebhaftes, sondern auch Geistiges; der Inhalt des Unbewußten erscheint damit wesentlich erweitert und das Unbewußte selbst aufgegliedert in unbewußte Triebhaftigkeit und unbewußte Geistigkeit.

Hatten wir schon mit der von uns so genannten Logotherapie[1] – als einer »Psychotherapie vom Geistigen her« – im Sinne einer notwendigen Ergänzung der bisherigen Psychotherapie im engeren Wortsinn versucht, das Geistige als einen wesensverschiedenen und selbständigen Bereich gegenüber dem Seelischen sensu strictiori ins seelenärztliche Tun einzuführen, so ergibt sich nun die Notwendigkeit, das Geistige auch innerhalb des Unbewußten, eben das geistig Unbewußte, mit einzubeziehen.

Ineins damit vollzieht sich freilich so etwas wie eine Rehabilitierung des Unbewußten – an sich nicht einmal ein ganz neuartiges Vorkommnis; denn längst schon hatte man in der einschlägigen Literatur etwa von den »schöpferischen Kräften« des Unbewußten oder von dessen »prospektiver« Tendenz gesprochen. Aber noch war nicht die – wie wir noch sehen werden – so notwendige scharfe Trennung durchgeführt worden: die Trennung bzw. Gegenüberstellung des Triebhaften und des Geistigen innerhalb des Unbewußten.

---

[1] Vgl. Viktor Frankl, Philosophie und Psychotherapie. Zur Grundlegung einer Existenzanalyse, Schweizerische medizinische Wochenschrift 69, 707, 1938.

Freud hatte im Unbewußten jedenfalls nur die unbewußte Triebhaftigkeit gesehen; für ihn war das Unbewußte in erster Linie ein Reservoir verdrängter Triebhaftigkeit. In Wirklichkeit ist aber nicht nur Triebhaftes unbewußt, sondern auch Geistiges; ja, wie wir noch zeigen wollen, ist das Geistige, ist nämlich Existenz sogar obligat, also notwendig, weil wesentlich unbewußt: In gewissem Sinne ist nämlich Existenz immer unreflektiert, einfach weil unreflektierbar.

Erweist es sich so, daß sowohl Triebhaftes als auch Geistiges unbewußt sein kann, bzw. daß das Geistige sowohl bewußt als auch unbewußt sein kann, so müssen wir uns nun fragen, wie es sich bezüglich dieser zweifachen Grenze mit deren Schärfe verhält. Da sehen wir nun, daß die Grenze zwischen bewußt und unbewußt eine sehr fließende, eine gleichsam durchlässige ist: Hier gibt es reichlich Übergänge vom einen zum andern. Wir brauchen uns bloß an die Tatsächlichkeit dessen zu halten, was seit und mit der Psychoanalyse als Verdrängung bezeichnet wird: Im Akte der Verdrängung wird etwas Bewußtes unbewußtgemacht, und umgekehrt wird bei der Behebung einer Verdrängung etwas Unbewußtes wieder bewußtgemacht. Damit stehen wir, nachdem wir zuvor vor die Tatsache der »Rehabilitierung des Unbewußten« gestellt waren, nunmehr vor einer weiteren Tatsache, nämlich der einer Relativierung der Bewußtheit: Bewußtheit kann nun nicht mehr als ein wesentliches Kriterium angesehen werden.

Während uns so die Grenze zwischen Bewußtem und Unbewußtem »durchlässig« erscheint, erweist sich nun die Grenze zwischen Geistigem und Triebhaftem als eine, die nicht genug scharf gezogen werden kann. Am prägnantesten ist dieser Sachverhalt wohl mit einem Satz von M. Boss getroffen, wenn dieser Autor »Trieb und Geist als inkommensurable Erscheinungen« bezeichnet. Da jedoch, wie wir bereits wissen, eigentliches Menschsein geistiges Sein darstellt, ist jetzt evident, daß wir in der Unterscheidung zwischen bewußt und unbewußt nicht nur ein relatives, sondern überhaupt kein eigentliches Kriterium in bezug auf menschliches Sein haben: Diese Unterscheidung vermittelt uns darum kein eigentliches Kriterium, weil sie gar kein Kriterium der Eigentlichkeit beinhaltet. Ein Kriterium der Eigentlichkeit können wir vielmehr allein aus der Entscheidung gewinnen, ob etwas im Menschen seiner Geistigkeit oder seiner Triebhaftigkeit zugehört – wobei es gänzlich unerheblich ist, ob es bewußt oder unbewußt sein mag. Denn das eigentliche Menschsein ist – in striktem Gegensatz zur psychoanalytischen Auffassung – eben nicht Getrieben-sein; es ist vielmehr, um mit Jaspers zu sprechen, »entscheidendes Sein«, oder – etwa im Sinne von Heidegger, aber auch von Binswanger – »Dasein«; es ist in unserem eigenen, existenzanalytischen Sinne Verantwortlich-sein: Es ist existentielles Sein.

Der Mensch kann also sehr wohl »eigentlich« sein, auch wo er unbewußt ist; aber er ist andererseits nur dort »eigentlich«, wo er nicht getrieben, sondern verantwortlich ist. Eigentliches Menschsein fängt also überhaupt erst dort an, wo kein Getrieben-sein mehr vorliegt; um dort auch aufzuhören, wo das Verantwortlich-sein aufhört. Eigentliches Menschsein ist also erst dort gegeben, wo nicht ein Es den Menschen treibt, sondern wo ein Ich sich entscheidet.

Von der Psychoanalyse aber, das werden wir jetzt wohl verstehen, läßt sich behaupten, sie habe das menschliche Sein ver»es«t – ent»ich«t.

Zuvor hieß es nun, die Grenze zwischen Geistigem – als dem Eigentlichen am Menschen – und Triebhaftem könne nicht scharf genug gezogen werden; tatsächlich sehen wir in ihr gewissermaßen einen ontologischen Hiatus, der hier zwei grundverschiedene Bereiche innerhalb der Gesamtstruktur des Wesens Mensch voneinander scheidet: auf der einen Seite die Existenz – auf der andern Seite alles, was zur Faktizität gehört. Während aber die Existenz, wie wir wissen, etwas wesenhaft Geistiges ist, enthält die Faktizität sowohl Psychologisches als auch Physiologisches: Sie enthält sowohl seelische als auch leibliche »Fakten«.

Und während die Grenze zwischen Existenz und Faktizität, eben jener ontologische Hiatus, nur mit der äußersten Schärfe gezogen werden kann, läßt sich innerhalb der psychophysischen Faktizität das Psychische vom Physischen nicht so ohne weiteres abgrenzen. Wer als Arzt jemals etwa eine vegetative Neurose in der Mannigfaltigkeit ihrer Struktur aufzuhellen sich bemüht hat, wird ganz genau wissen, wie schwierig es ist, hier zu sondern zwischen dem, was da (primär) psychogen bzw. physiogen sein mag.

Damit hat sich aber auch gezeigt, daß wir, nach der Relativierung der Bewußtheit bzw. Unbewußtheit als eigentlicher Kriterien (oder: Kriterien der Eigentlichkeit), nun auf eine zweite Relativierung gestoßen sind: Das alte psychophysische Problem erscheint nun (zwar nicht liquidiert, aber immerhin) zu einem durchaus zweitrangigen relativiert; zweitrangig nämlich ist dieses Problem jetzt gegenüber dem weitaus wesentlicheren Problem, vor das wir uns nunmehr gestellt sehen: dem Problem »der geistigen Existenz gegenüber der psychophysischen Faktizität«. Dieses Problem ist aber nicht nur eines von größerer ontologischer Dignität, sondern auch eines von exquisiter psychotherapeutischer Relevanz. Geht es doch in der Psychotherapie allenthalben darum, die geistige Existenz eben im Sinne eines freien Verantwortlichseins, das sie in unseren Augen darstellt, immer aufs neue aufzurufen und auszuspielen gegen ihre nur scheinbar so schicksalhafte Bedingtheit seitens der psychophysischen Faktizität. Dieser Faktizität gegenüber gilt es dann eben, das Bewußtsein der Freiheit wachzurufen – jener Freiheit und Verantwortlichkeit, die das eigentliche Menschsein ausmachen.

Nun haben wir, bei all unseren ontologischen Grenzziehungen, noch immer nicht berücksichtigt, daß menschliches Sein nicht nur »entscheidendes Sein« ist, sondern auch – geschiedenes Sein: Menschliches Sein »ist« nicht anders denn als individuiertes Sein. Als solches aber ist es immer zentriert, zentriert um eine Mitte – um je seine Mitte. Was aber steht in dieser seiner Mitte? Was füllt diese Mitte aus? Erinnern wir uns jener Definition von Max Scheler, die er von der Person gibt: Er begreift sie als den Träger, aber auch als ein »Zentrum« geistiger Akte. Ist aber die Person dasjenige, wovon die geistigen Akte ausgehen, so ist sie auch jenes geistige Zentrum, um das sich das Psychophysische gruppiert. Nach so erfolgter Zentrierung menschlichen Seins können wir, statt wie vorhin von geistiger Existenz und psychophysischer Faktizität, auch von der geistigen Person und »ihrem« Psychophysicum sprechen. Wobei wir jedoch nicht übersehen wollen, daß in der Formulierung »ihr« mit enthalten ist, daß die Person ein Psychophysicum »hat« – während sie ein Geistiges »ist«. Tatsächlich könnte ich im Ernst auch gar nicht sagen: »meine Person« – eine Person »habe« ich ja nicht, sondern je meine Person »bin« ich; ich kann eigentlich auch nicht sagen: »mein Ich«; denn »ich« *bin* ich ja, aber ein Ich »habe« ich doch nicht – »haben« kann ich höchstens ein Es: eben im Sinne »meiner« psychophysischen Faktizität.

Damit aber, daß menschliches Sein als individuiertes um je eine Person (als geistig-existentielles Zentrum) zentriert ist, damit und erst damit ist menschliches Sein auch integriert: Erst die geistige Person stiftet die Einheit und Ganzheit des Wesens Mensch. Sie stiftet diese Ganzheit als eine leiblich-seelisch-geistige. Wobei wir nicht genug betonen können, daß erst diese dreifaltige Ganzheit den ganzen Menschen ausmacht. Denn keineswegs ist es berechtigt – wie das so oft geschieht –, vom Menschen als einer »Leib-Seele-Ganzheit« zu sprechen: Leib und Seele mögen eine Einheit bilden – das »einheitliche« Psychophysicum etwa –, aber nie und nimmer wäre diese Einheit imstande, die menschliche Ganzheit darzustellen: Zu ihr, zum ganzen Menschen, gehört auch das Geistige hinzu, und es gehört zu ihm hinzu sogar als sein Eigentlichstes. Solange nur von Leib und Seele die Rede ist, kann daher eo ipso nicht von Ganzheit die Rede sein.

Haben wir so, was die ontologische Struktur des Wesens

Mensch anlangt, dem Schichtenbau gegenüber dem Stufenbau den Vorzug gegeben, indem wir an Stelle der gleichsam vertikalen Stufung (»unbewußt – vorbewußt – bewußt«) die konzentrische Schichtung setzten, so können
wir nun noch ein übriges tun: Wir können das Bild vom
Schichtenbau mit dem vom Stufenbau kombinieren, so
zwar, daß wir das Schichtbild gleichsam als den Grundriß
auffassen – den Grundriß eines sozusagen dreidimensionalen Gesamtaufbaus. Wir brauchen dann bloß den personalen Kern – als das geistig-existentielle Zentrum, um
das sich das Psychische bzw. das Physische als je peripherere Schichten herumgruppieren – verlängert zu denken;
statt von einem personalen Kern müßten wir dann von
einer personalen Achse sprechen, die dann, mitsamt den
sie umgebenden psychophysischen Schichten, durch das
Bewußte, Vorbewußte, Unbewußte hindurchzieht. Aus
solcher Auffassung ergäbe sich schließlich ein halbwegs
brauchbares, halbwegs adäquates Bild von den wahren
Verhältnissen: Sowohl innerhalb der personalen Achse als
auch innerhalb der psychophysischen Schichten kann jede
einzelne Äußerung – eine geistige ebenso wie eine seelische bzw. eine leibliche – sowohl auf bewußter wie auf
vorbewußter bzw. unbewußter Stufe in Erscheinung treten.

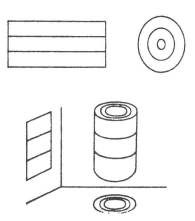

Sofern nun im Zusammenhang mit den analytischen Behandlungsverfahren von »Tiefenpsychologie« die Rede war, hätten wir diesen Begriff nunmehr richtigzustellen: Die Tiefenpsychologie war bisher eigentlich nur der menschlichen Triebhaftigkeit in deren unbewußte Tiefe gefolgt – viel zu wenig jedoch war sie der Geistigkeit des Menschen, der menschlichen Person in *deren* unbewußte Tiefe nachgegangen; mit andern Worten, die Tiefenpsychologie war, zumindest mehr oder weniger, eine Psychologie des unbewußten Es, nicht aber des unbewußten Ich geblieben. Sie hatte auf diese Weise nur die *sogenannte* Tiefenperson – im Sinne der psychophysischen Faktizität – zum Gegenstand ihrer Forschung gemacht; die *eigentliche* Person jedoch – als das Zentrum geistiger Existenz – hatte sie vernachlässigt. Wie wir nunmehr jedoch wissen, hat auch vor allem diese geistig-existentielle Person, hat auch das Ich und keineswegs bloß das Es eine unbewußte Tiefe; ja, von rechtswegen dürften wir, wann immer wir von »Tiefenperson« sprechen, überhaupt nur diese geistig-existentielle Person bzw. nur *ihre* unbewußte Tiefe meinen: Sie allein ist wahre Tiefen-*Person*. Denn – seien wir uns darüber doch im klaren – was im herkömmlichen Sinne unter Tiefenperson verstanden wird, ist gar nicht von personaler Seinsart, sondern stellt vielmehr von vornherein sozusagen kreatürliches Sein dar, d. h. ein Etwas, das wir nicht der Existenz, sondern der Faktizität zuzurechnen und unter das Psychophysische, nicht aber unter das Geistige zu subsumieren hätten. Die »Tiefenperson« – das Wort im üblichen Sprachgebrauch genommen – meint nämlich nichts weniger als das Geistig-existentielle, also das eigentlich menschliche Sein, sondern vielmehr meint sie, ex definitione, etwas durchaus Vegetatives oder bestenfalls etwas Animalisches »am« Menschen.

Wie aber bereits angedeutet wurde, ist die wahre Tiefenperson, ist nämlich das Geistig-existentielle in seiner Tiefe – allemal unbewußt: Die Tiefenperson ist also nicht etwa bloß fakultativ, sondern obligat unbewußt. Das rührt daher, daß der geistige Aktvollzug, somit das Wesen der Person als eines geistigen Aktzentrums, eigentlich reine »Vollzugswirklichkeit« ist; die Person geht im Vollzug ihrer geistigen Akte so sehr auf, daß sie in ihrem wahren Sein gar nicht reflektierbar ist – daß sie in der Reflexion gar nicht aufscheinen könnte. In diesem Sinne ist geistige Existenz, ist also das eigentliche Ich – sozusagen das Ich »an sich« – unreflektierbar und daher überhaupt nur vollziehbar, nur in seinen Vollzügen, nur als Vollzugswirklichkeit »existent«. Eigentliche Existenz ist also unreflektierte, weil unreflektierbare Existenz – und darum ist sie letztlich auch unanalysierbar. Tatsächlich meinen wir ja mit dem Ausdruck Existenz*analyse* niemals Analyse *der* Existenz, sondern – wie bereits definiert – »Analyse auf Existenz hin«. Existenz selbst bleibt ein unanalysierbares, unreduzierbares Urphänomen. Auch jeder einzelne ihrer Aspekte – als welche wir seinerzeit Bewußtsein und Verantwortlichsein herausgestellt haben – stellt einen solchen urphänomenalen Tatbestand dar. Wie sich insbesondere noch am Phänomen des Gewissens erweisen wird, duldet solch ein Urphänomen keine weitere Reduktion – oder besser gesagt: Innerhalb des Ontischen sind diese Phänomene irreduzibel. Ihre Erhellung kann nicht geschehen, indem wir sie im Ontischen reduzieren, sondern nur dadurch, daß wir ins Ontologische transzendieren. Sowohl Bewußtsein als auch Verantwortlichsein sind und bleiben in der Ebene psychologisch-immanenter Betrachtung unlösbare Probleme; sobald wir sie jedoch ins Ontologische verlagern, hören sie mit einem Male auf, Probleme zu sein: Dort sind sie eben Urphänomene – dem menschlichen Dasein zu eigen als dessen »Existentialien«, als die zwei Hauptattribute, die dem existentiellen Sein zukommen als je ein Etwas, das es immer schon hat.

Halten wir also fest: Die Tiefenperson, nämlich die geistige Tiefenperson, also jene Tiefenperson, die allein verdient, im wahren Wortsinn Tiefenperson genannt zu werden, ist unreflektiert, weil unreflektierbar, und in diesem Sinne kann sie auch unbewußt genannt werden. Während demnach die geistige Person grundsätzlich sowohl bewußt als auch unbewußt sein kann, können wir sagen, daß die geistige Tiefenperson obligat unbewußt ist – also nicht etwa bloß fakultativ; mit andern Worten: In seiner Tiefe, »im Grunde«, ist Geistiges notwendig, weil wesentlich unbewußt.

Aus all dem ergibt sich nicht weniger, als daß just die »Mitte« menschlichen Seins (die Person) in der »Tiefe« (die Tiefenperson) unbewußt ist: Der Geist ist gerade an seinem Ursprung unbewußter Geist.

Ist es nicht so – um es an einem Modell zu erläutern – wie beim Auge? So wie an der Ursprungsstätte der Netzhaut, nämlich an der Eintrittsstelle des Sehnerven in sie, die Netzhaut ihren »Blinden Fleck« hat, so ist der Geist genau dort, wo er seinen Ursprung hat, aller Selbstbeobachtung und Selbstbespiegelung gegenüber blind; wo er ganz ursprünglich, ganz »er selbst« ist, ist er sich selbst – unbewußt. Und von ihm gilt hier voll und ganz, was in den alten indischen Veden ausgesagt wird: »Das, was sieht, kann nicht gesehen werden; das, was hört, kann nicht gehört werden; und das, was denkt, kann nicht gedacht werden.«

Aber nicht nur im Ursprung, nicht nur im ersten ist der Geist unbewußt, sondern auch im letzten, »in letzter Instanz«; nicht nur im tiefsten ist er unbewußt, sondern auch im höchsten: Die oberste Instanz nämlich, die über Bewußtheit bzw. Unbewußtheit gleichsam zu entscheiden hat, ist selber unbewußt. Wir brauchen uns nämlich nur daran zu erinnern, daß es im Schlaf eine sogenannte Traumwache gibt – als eine Instanz, die darüber wacht, ob der schlafende, träumende Mensch wach werden soll oder weiterschlafen darf. Diese Traumwache läßt etwa die schlafende Mutter sofort erwachen, sobald der leise Atem des Kindes unruhig wird, während bedeutend lautere Geräusche von der Straße her glattwegs ignoriert werden. Und diese Traumwache versagt auch nicht in der Hypnose

– auch hier erwacht die Versuchsperson, sobald etwas um sie oder mit ihr geschieht, was sie zutiefst gar nicht selber will; nur in der Narkose wird, von einem gewissen Grade an, diese Instanz zum Schweigen gebracht, die Traumwache also selber eingeschläfert. Ansonsten aber gilt immer, daß jene Instanz, die Schlafen und Wachen reguliert, selber nicht schläft, sondern wacht – freilich nur insofern, als sie Wache hält; denn als Traum-»Wache« wacht ein Etwas im Menschen über ihn ja nur, als ob es wach wäre – es ist somit nur quasi-bewußt; nur irgendwie weiß es um die Vorgänge um den Schlafenden herum – von einem eigentlichen Bewußtsein jedoch kann da keine Rede sein. Jene Instanz, die darüber entscheidet, ob etwas bewußt wird oder unbewußt bleibt, funktioniert demnach selber unbewußt. Um aber zu entscheiden, muß sie doch irgendwie unterscheiden können. Beides nun, sowohl entscheiden als auch unterscheiden, kann nur ein Geistiges. Und in diesem Sinne zeigt sich wiederum, daß und inwiefern Geistiges nicht nur unbewußt sein kann, sondern im letzten ebenso wie im Ursprung auch unbewußt sein muß.

3. Existenzanalyse des Gewissens

Um das, was wir als das »geistig Unbewußte« hingestellt und damit in einen strikten Gegensatz zum triebhaft Unbewußten gestellt haben, des näheren zu erläutern, wollen wir uns nunmehr, gleichsam als eines Modells, des Phänomens »Gewissen« bedienen. Gehört es doch im Sinne des oben über das Verantwortlichsein als »Urphänomen« Gesagten zum menschlichen Sein als »entscheidendem Sein« unbedingt hinzu. All das, was wir bereits deduktiv abzuleiten versuchten, müßte sich hier, am Phänomen des Gewissens, induktiv oder, besser gesagt, phänomenologisch aufzeigen lassen. Tatsächlich ist es nun auch so, daß das, was man Gewissen nennt, in eine unbewußte Tiefe hinabreicht, in einem unbewußten Grunde wurzelt: gerade die großen, echten – existentiell echten – Entscheidungen im menschlichen Dasein erfolgen allemal durchaus unreflektiert und insofern auch unbewußt; an seinem Ursprung taucht das Gewissen ins Unbewußte ein.
In diesem Sinne ist das Gewissen auch irrational zu nennen; es ist alogisch – oder, noch besser: praelogisch. Denn genau so, wie es ein vorwissenschaftliches und ihm ontologisch noch vorgelagert ein *praelogisches Seinsverständnis* gibt, genau so gibt es auch ein *praemoralisches Wertverständnis*, das aller expliziten Moral wesentlich vorgängig ist – eben das Gewissen.
Irrational aber ist das Gewissen deshalb, weil es, zumindest in seiner unmittelbaren Vollzugswirklichkeit, niemals restlos rationalisierbar ist; immer ist es nur nachträglich, immer nur einer »sekundären Rationalisierung« erschließbar: Alle sogenannte Gewissenserforschung ist ebenfalls nur als nachträgliche denkbar – auch der Ratschluß des Gewissens ist nämlich letztlich ein unerforschlicher.
Fragen wir uns aber darnach, aus welchem Grunde das Ge-

wissen notwendig irrational wirksam ist, dann hätten wir folgenden Tatbestand zu bedenken: Dem Bewußtsein erschließt sich Seiendes – dem Gewissen jedoch erschließt sich nicht ein Seiendes, vielmehr ein noch nicht Seiendes: ein erst Sein-sollendes. Dieses Sein-sollende ist also nichts Wirkliches, es ist ein erst zu Verwirklichendes; es ist nichts Wirkliches, sondern bloß Mögliches (freilich nicht ohne daß diese bloße Möglichkeit in einem höheren Sinne wiederum eine Notwendigkeit darstellte). Sofern aber das, was uns vom Gewissen erschlossen wird, ein erst zu Verwirklichendes ist, sofern es erst realisiert werden soll, erhebt sich sofort die Frage, wie anders es realisiert werden sollte als dadurch, daß es vorerst einmal geistig irgendwie antizipiert wird. Dieses Antizipieren, diese geistige Vorwegnahme, erfolgt nun in dem, was man Intuition nennt: Die geistige Vorwegnahme geschieht in einem Akte der Schau.

So erweist sich das Gewissen als eine wesentlich intuitive Funktion: Um das zu Realisierende zu antizipieren, muß das Gewissen es zuvor intuieren; und in diesem Sinne ist das Gewissen, ist das Ethos tatsächlich irrational und nur nachträglich rationalisierbar. Kennen wir aber nicht ein Analogon – ist nicht auch der Eros ebenso irrational, ebenso intuitiv? Tatsächlich intuiert auch die Liebe; auch sie erschaut nämlich ein noch nicht Seiendes: sie aber nicht, wie das Gewissen, ein »erst Sein-sollendes«, sondern das noch nicht Seiende, das von der Liebe erschlossen wird, ist ein nur Sein-könnendes. Die Liebe erschaut und erschließt nämlich Wertmöglichkeiten am geliebten Du. Auch sie nimmt also in ihrer geistigen Schau etwas vorweg; das nämlich, was ein konkreter, eben der geliebte Mensch an noch unverwirklichten persönlichen Möglichkeiten in sich bergen mag.

Aber nicht allein darin, daß sowohl das Gewissen als auch die Liebe es gleicherweise mit bloßen Möglichkeiten, nicht aber mit Wirklichkeiten zu tun haben, gleichen sie einander; das ist es nicht allein, was von vornherein evident macht, daß beide gleicherweise nur auf intuitivem Wege vorgehen können. Vielmehr läßt sich auch noch ein zweiter Grund anführen für ihre notwendig, weil wesentlich intuitive, irrationale und daher auch niemals restlos rationalisierbare Wirkungsweise: beide nämlich, sowohl das Gewissen als auch die Liebe, haben es mit absolut individuellem Sein zu tun.

Ist es doch gerade die Aufgabe des Gewissens, dem Menschen »das Eine, was not tut«, zu erschließen. Dieses Eine aber ist ein jeweils Einziges. Es geht dabei um jene einmalige und einzigartige Möglichkeit einer konkreten Person in ihrer konkreten Situation, die etwa Max Scheler mit dem Begriff der »Situationswerte« treffen wollte. Es geht also um etwas absolut Individuelles, um ein individuelles »Sein-sollen« – das daher auch von keinem generellen Gesetz, von keinem allgemeinformulierten »moralischen Gesetz« (etwa im Sinne des Kantschen Imperativs) gefaßt werden kann, sondern eben von einem »individuellen Gesetz« (Georg Simmel) vorgeschrieben wird; es ist überhaupt nicht rational erkennbar, sondern eben nur intuitiv erfaßbar. Und diese intuitive Leistung besorgt eben das Gewissen.

Sofern das Gewissen solche konkreten, individuellen Wertmöglichkeiten intuitiv erschließt, wäre man nun geneigt dazu, den Weg, auf dem es das bewerkstelligt, als instinktiven zu bezeichnen und demzufolge das Gewissen, im Gegensatz zur »praktischen Vernunft«, als ethischen Instinkt anzusprechen. Nur zeigte sich dann alsbald bei näherem Zusehen, daß dieser ethische Instinkt in einem nicht unwesentlichen Gegensatz steht zu dem, was man als Instinkt bezeichnet, also zum vitalen Instinkt. Der Instinkt der Tiere zielt nämlich auf ein Allgemeines, er ist überhaupt nur wirksam »im allgemeinen«: Er ist wesentlich schematisch. Denn je ihren Instinkten gemäß reagieren die Tiere auf bestimmte Merk- und »Wirkmale« je ihrer Umwelt immer nur nach einem starren Schema, das ein für allemal und für alle Individuen feststeht. Die Wirksamkeit dieses Instinktschemas steht und fällt also damit, daß es nur allgemein gilt, daß es nur nach dem Gesetz der großen Zahl gilt, während es im Einzelfall nicht nur versagt, sondern das Einzelwesen geradezu dazu verführt, unter gewisen Umständen zwar durchaus instinktgemäß, aber gerade darum ausgesprochen zweckwidrig, »unvernünftig« sich zu verhalten. Dasselbe instinktive Reaktionsschema, das etwa der Majorität der Ameisen, dem ganzen Ameisenstaat, das Leben erhält oder rettet, kann die einzelne Ameise unter Umständen um ihr Leben bringen. Das wird, vom Instinkt aus gesehen, eben in Kauf genommen: Der vitale Instinkt vernachlässigt das Individuelle.

Ganz anders, ja im Gegensatz dazu wird nun die Wirksamkeit des ethischen Instinkts gerade dadurch gewährleistet, daß er eben nicht auf Allgemeines, sondern immer nur auf Individuelles abzielt: Er geht, wie gesagt, auf das Konkrete. Und während das Tier mitunter vom vitalen Instinkt irregeleitet wird, ist es beim Menschen so, daß er mitunter gerade von der ethischen Vernunft irregeführt wird – während ihn erst der ethische Instinkt, eben das Gewissen, fähig macht, »das Eine, was not tut« und das eben kein Allgemeines ist, überhaupt zu sehen; denn das Gewissen allein vermag das »ewige«, allgemein gefaßte »moralische Gesetz« gleichsam abzustimmen auf die jeweilige konkrete Situation einer konkreten Person. Ein Leben aus dem Gewissen heraus ist nämlich immer ein absolut persönliches Leben auf eine absolut konkrete Situation hin – auf das hin, worauf es in je unserem einmaligen und einzigartigen Dasein ankommen mag: das Gewissen begreift das konkrete »Da« meines persönlichen »Seins« immer schon ein. – Richtig verstanden, ist in diesen Ausführungen natürlich nichts gegen das »moralische Gesetz« gesagt – aber alles zu Ehren des Gewissens.

Nun wollen wir zeigen, daß auch in dieser Beziehung, auch in bezug auf die wesentlich individuelle Intention des Gewissens, die Liebe in einer gewissen Parallelität steht: Nicht nur die Gewissensentscheidung zielt auf eine ganz und gar individuelle Möglichkeit ab, sondern auch die Liebesentscheidung; denn so wie das Gewissen »das Eine, was not tut«, erschließt, so erschließt die Liebe das Einzigartige, was möglich ist: die einzigartigen Möglichkeiten der jeweils geliebten Person. Ja, erst die Liebe und nur sie ist imstande, eine Person in ihrer Einzigartigkeit, als das absolute Individuum, das sie ist, zu erschauen. In diesem Sinne eignet ihr eine bedeutende kognitive Funktion. Und vielleicht ist diese ihre kognitive Leistung schon zu jener Zeit erfaßt und gewürdigt worden, als im Hebräischen der Liebesakt wie der Erkenntnisakt mit dem gleichen Wort belegt wurde.

Mit welchem Recht aber sprachen wir soeben, in Analogie zur Gewissensentscheidung, von einer Liebes-Entscheidung? Hat denn Liebe mit Entscheidung irgend etwas zu tun? Gewiß: denn auch in der Liebe, ja in ihr zumal, ist menschliches Sein »entscheidendes Sein«. Tatsächlich ist eine Partnerwahl, ist die »Liebeswahl«, nur dann wahre Wahl, wenn sie nicht vom Triebhaften her diktiert ist. Solange etwa ein unbewußtes Vorbild, eine es-hafte »Imago«, meine Liebeswahl bestimmt, ebenso lange kann es sich gar nicht um Liebe handeln. Nicht nur in der Poesie, auch in der Psychologie ist sonach der Reim von Liebe auf Triebe unstatthaft. Solange ein Ich von einem Es zu einem Du »getrieben« wird, ebenso lange kann von Liebe nicht die Rede sein: In der Liebe wird kein Ich von einem Es getrieben – in der Liebe »entscheidet« sich ein Ich für ein Du.

Allein nicht nur das Ethische und das Erotische, nicht nur Gewissen und Liebe, wurzeln in einer emotionalen und nicht rationalen, in einer intuitiven Tiefe des geistig Unbewußten: auch ein Drittes, auch das Pathische, ist in einem gewissen Sinne hier beheimatet, insofern nämlich, als es innerhalb des geistig Unbewußten neben dem ethisch Unbewußten, dem ethischen Gewissen, sozusagen auch ein ästhetisch Unbewußtes gibt – das künstlerische Gewissen. Sowohl hinsichtlich künstlerischer Produktion[1] als auch Reproduktion ist der Künstler auf unbewußte Geistigkeit in diesem Sinne auch angewiesen. Der an sich irrationalen und daher auch nicht restlos rationalisierbaren Intuition des Gewissens entspricht beim Künstler die Inspiration, und auch sie ist in einer Sphäre unbewußter Geistigkeit verwurzelt. Aus ihr heraus schafft der Künstler, und damit sind und bleiben die Quellen, aus denen er schöpft, in einem bewußtseinsmäßig niemals restlos erhellbaren Dunkel. Es zeigt sich sogar immer wieder, daß zumindest die übermäßige Bewußtheit mit solcher Produktion »aus dem Unbewußten heraus« zu interferieren imstande ist; nicht selten wird die forcierte Selbstbeobachtung, der Wille zum bewußten »Machen« dessen, was sich wie von selbst in unbewußter Tiefe vollziehen müßte, zu einem Handicap des schaffenden Künstlers. Alle unnötige Reflexion kann da nur schaden.

Es ist uns ein Fall bekannt, in dem ein Geiger immer versuchte, möglichst bewußt zu spielen: vom Zurechtrücken der Geige angefangen bis zum geringsten Detail der Spieltechnik wollte er alles bewußt »machen«, alles in Selbstreflexion vornehmen. Dies konnte nur zu einem völligen künstlerischen Versagen führen. Die Therapie aber mußte fürs erste einmal diesen Hang zur übertriebenen Reflexion und Selbstbespiegelung ausschalten: Sie mußte auf das hin angelegt sein, was wir in einem andern Zusammenhang nachgerade als Dereflexion[2] bezeichnet haben. Die psychotherapeutische Behandlung mußte diesem Patienten sein *Vertrauen zum Unbewußten* wiedergeben, indem sie ihn anwies, sich immer wieder vor Augen zu halten, wie sehr sein Unbewußtes »musikalischer« sei als sein Bewußtsein. Tatsächlich führte eine dergestalt ausgerichtete Therapie

---

[1] Vgl. den Anhang »Psychotherapie, Kunst und Religion« in meinem Buch: Die Psychotherapie in der Praxis. Eine kasuistische Einführung für Ärzte, München ⁵1986.
[2] Vgl. mein Buch: Theorie und Therapie der Neurosen. Einführung in Logotherapie und Existenzanalyse, München ¹1956, ⁶1987.

gewissermaßen zu einer Ent-hemmung der künstlerisch »schöpferischen Kräfte« des Unbewußten, und zwar dadurch, daß der wesentlich unbewußte (Re-)Produktionsprozeß vom hemmenden Einfluß der überflüssigen Bewußtheit befreit wurde.

Am soeben besprochenen Fall zeigt sich nun aber auch ein sehr wesentliches Moment aller psychotherapeutischen Zielsetzung: Heute dürfen wir nämlich keineswegs mehr auf dem Standpunkt beharren, in der Psychotherapie komme es auf Bewußtwerdung um jeden Preis an; denn nur vorübergehend hat der Psychotherapeut etwas bewußtzumachen. Er hat Unbewußtes – und so auch geistig Unbewußtes – nur bewußtzumachen, um es schließlich wieder unbewußt werden zu lassen; er hat eine unbewußte potentia in einen bewußten actus überzuführen – zu keinem andern Zwecke jedoch, als um schließlich einen wieder unbewußten habitus herzustellen: Der Psychotherapeut hat die Selbstverständlichkeit unbewußter Vollzüge schließlich wiederherzustellen.

Sollte das vorhin Gesagte nun dahin auszulegen sein, daß alle künstlerische Produktion bzw. Reproduktion – oder vielleicht auch, neben den pathischen, alle ethischen und erotischen Vollzüge – dem zuzurechnen seien, was man Gefühl nennt? Wir meinen, hier nicht vorsichtig genug sein zu können. Denn der Begriff des Gefühls ist heute ein reichlich unexakter geworden. Insbesondere ist es bei diesem Wort niemals klar, ob – um der wichtigen Unterscheidung von Scheler zu gedenken – ein zuständliches Gefühl, ein bloßer Gefühlszustand oder aber ein intentionales Gefühl jeweils gemeint ist. Während nämlich intentionale Gefühle sehr wohl dem geistig Unbewußten zuzurechnen wären, würden bloße Gefühlszustände mit dem geistig-existentiellen, also dem eigentlichen menschlichen Sein, ebenso wenig zu tun haben wie irgendwelche triebhaften Zustände.

Es soll aber ausdrücklich vermerkt werden, daß wir nur dem Wort »Gefühl«, keineswegs aber dem Gefühl selbst den Vorwurf einer gewissen Unexaktheit machen. Das Gefühl selbst, zumindest dort, wo es im Schelerschen Sinne intentional zu heißen wäre, ist nämlich nichts weniger als unexakt; denn *das Gefühl kann viel feinfühliger sein als der Verstand scharfsinnig.*

Welche Schwierigkeiten die Forschung hat, auch nur nachträglich dem wesentlich, weil notwendig unerforschlichen Werdeprozeß geistiger Leistungen auf den unbewußten Grund zu gehen, zeigt sich schon an folgender unscheinbarer Tatsache: Immer und überall wurden und werden Witze gemacht und wurde und wird über Witze gelacht; aber bis heute ist eine volle wissenschaftliche Erklärung des Phänomens Witz bzw. des Phänomens Lachen noch ausständig: so wenig ist der Vollzug von Akten abhängig von einem reflexiven Wissen um sie und von ihrem verstandesmäßigen Erfaßtwerden.

Um die besprochenen Parallelen nochmals herauszustellen, läßt sich füglich folgendes sagen: Wo das – geistige – Ich eintaucht in eine unbewußte Sphäre als in seinen Grund, dort können wir je nachdem von Gewissen, von Liebe oder von Kunst sprechen. Wo nun umgekehrt das – psychophysische – Es einbricht ins Bewußtsein, dort sprechen wir von Neurose oder von Psychose – je nachdem nämlich, was innerhalb solcher Pathogenese vorliegt: je nachdem, ob Psychogenese (wie bei der Neurose) oder Physiogenese (wie bei der Psychose).

4. Existenzanalytische Traumdeutung

Ist es nach all dem Gesagten schon von vornherein schwierig, einen Weg zur Erhellung gerade des geistig Unbewußten zu finden, so dürfen wir nicht vergessen, daß es sehr wohl einen Weg gibt, auf dem unserer Forschung das Unbewußte – und so auch das geistig Unbewußte – gleichsam entgegenkommt: Wir meinen die Träume. Seit der klassischen Traumdeutung aufgrund jener Methode freier Assoziationen, wie sie Freud in die Wissenschaft eingeführt hat, sind wir instand gesetzt, diese Möglichkeiten zu nützen.

Auch wir wollen uns dieser Methode bedienen; wir freilich, um mit ihr nicht nur unbewußte Triebhaftigkeit, sondern auch unbewußte Geistigkeit in die Bewußtheit – und in die Verantwortlichkeit – zu heben. Nach all dem Gesagten müssen wir ja bereits erwarten, daß in die Träume, diese echten Produktionen des Unbewußten, nicht nur Elemente des triebhaft Unbewußten eingehen, sondern auch solche des geistig Unbewußten. Wenn wir uns aber, um sie zu erfassen, der gleichen Methode bedienen, mit der Freud bloß dem triebhaft Unbewußten nachgespürt hat, so können wir, die wir auf diesem Wege einem andern Ziele nachgehen, nämlich der Aufdeckung des geistig Unbewußten, der Psychoanalyse gegenüber sagen: Wir marschieren vereint, aber wir schlagen getrennt.

Auch in bezug auf die Traumdeutung mag in Geltung bleiben, daß das Gewissen das brauchbarste Modell ist, um an ihm die Wirksamkeit des geistig Unbewußten aufzuzeigen. Nehmen wir als Beispiel folgenden Traum:

Eine Patientin träumt, gleichzeitig mit der Schmutzwäsche werde eine schmutzige Katze in die Wäscherei abgegeben und werde dann, unter der zurückgekommenen gewaschenen Wäsche, tot aufgefunden. – Assoziationen: Zur »Katze« fällt der Kranken ein, daß sie Katzen »über alles« liebe; allerdings liebt sie ebenso »über alles« auch ihre

Tochter, ihr einziges Kind. »Katze« bedeutet hier demnach Kind. Warum aber ist die Katze »schmutzig«? Das erklärt sich, sobald wir von der Patientin erfahren, in letzter Zeit sei über das Liebesleben ihrer Tochter in deren Umgebung reichlich getratscht worden – es wurde in dieser Hinsicht also tatsächlich »Schmutzwäsche gewaschen«. Dies ist aber auch der Grund, aus dem die Kranke, wie sie zugibt, ihre Tochter ständig belauert und bevormundet habe. Was besagt demnach der Traum im ganzen? Er stellt eine Warnung dar: die Kranke möge ihre Tochter nicht mit übertriebener Erziehung zu sittlicher »Reinheit« (!) so lange quälen, bis die Tochter daran zugrunde geht. Der Traum bringt somit die warnende Stimme des eigenen Gewissens zum Ausdruck.

Wir sehen nicht ein, warum wir eine solche schlichte Möglichkeit, den Traum in all seinen einzelnen Elementen auszudeuten, aufgeben sollten zugunsten der vorgefaßten Meinung, hinter ihnen müßten unbedingt auch noch etwa infantil-sexuale Inhalte stecken. Vielmehr wollen wir uns auch den empirischen Tatbeständen des geistig Unbewußten gegenüber von der großen Tugend der Psychoanalyse: der Sachlichkeit, nach wie vor leiten lassen; aber wir verlangen solche Sachlichkeit nicht nur auf der Seite des Analysanden, sondern auch auf der des Analytikers: Wir fordern nicht nur vom zu erforschenden Objekt bedingungslose Ehrlichkeit (etwa was die produzierten Einfälle anlangt), sondern auch vom forschenden Subjekt jene unbedingte Unvoreingenommenheit, die ihn auch angesichts des Tatbestands der unbewußten Geistigkeit nicht die Augen schließen läßt. – Nun ein weiterer Traum eines andern Patienten:

Der Kranke berichtet von einem Traum, der in verhältnismäßig kleinen Zeitabständen immer wiederkehrt, ja sogar innerhalb einzelner Nächte, im Sinne eines Kettentraums, wiederholt auftaucht. Dann träumt er jeweils, er befinde sich in einer bestimmten ausländischen Stadt und versuche dort, eine bestimmte Dame telephonisch anzurufen, was ihm jedoch immer wieder mißlingt: Vor allem bekommt er deshalb keine Verbindung, weil die Wahlscheibe übergroß ist – sie enthält an die hundert Unterteilungen –, so daß er nicht wählen kann. Beim Erwachen habe er gemerkt, daß die Nummer, die er wählen wollte, jener Nummer, die das Telephon jener Dame in Wirklichkeit hat, nur ähnlich ist, aber identisch mit der Telephonnummer eines Unternehmens, für das er gegenwärtig mit Erfolg arbeitet. – Bei der Besprechung des Traums mit dem Patienten ergibt sich, daß er, von Beruf Komponist, in jener ausländischen Stadt zur Zeit seines wirklichen dortigen Aufenthalts mit einer kompositorischen Arbeit befaßt war, die ihn zutiefst befriedigte: Es handelte sich um Musik religiösen Inhalts. Derzeit jedoch arbeitet er zwar, wie gesagt, mit Erfolg, aber ohne das Gefühl innerer Erfüllung, an Jazz-Musik für Filme. Nun erklärt der Kranke dezidiert, von einer Sehnsucht nach jener ausländischen Stadt könne keine Rede sein, da die dort verbrachten Jahre – abgesehen von der Arbeit – in jeder Hinsicht unangenehm gewesen seien; aber auch von einer Sehnsucht nach jener Dame könne keine Rede sein, da ihn in erotischer Beziehung nicht das geringste mit ihr verbunden hatte. Spontan jedoch erklärt er, in jenem Stück des Traums, in dem von der abnorm großen Wahlscheibe geträumt wurde, sehe er die resignierte Feststellung, daß ihm die Wahl heute schwerfalle. Welche Wahl aber? müssen wir fragen. Die Antwort ergibt sich wohl von selbst: die berufliche Wahl, die Entscheidung zwischen weltlicher und nichtweltlicher Musik – zu welch letzterer sich unser Patient im eigentlichen Sinne eben berufen fühlt. Mit einem Male verstehen wir jetzt auch die Bedeutung des zentralen Trauminhalts: daß unser Patient wieder, wenn auch vergebens, so doch immer »wieder Verbindung« sucht: Wir brauchen für dieses »wieder Verbindung« nur »Rückverbindung« zu setzen und dieses Wort zu übersetzen, und es lautet: religio.

Hier also richtet ein Traum nicht, wie der vorige, eine Warnung an den Träumenden, sondern hier stellt der

Traum einen Selbstvorwurf dar; in beiden Fällen aber geht er aus vom Gewissen, also exquisit vom geistig Unbewußten – wobei beim zweiten Traum nicht nur das ethische, sondern auch das künstlerische Gewissen deutlich zur Sprache kommt. Die persönliche religiöse Problematik nun, die im letztgenannten Traum – eben als konkreter Gegenstand unbewußter Geistigkeit – aufschien, kann in andern Träumen natürlich auch in unverhüllterer Weise zutage treten: nicht als latente, sondern als manifeste religiöse Problematik. Hierfür folgendes Beispiel:

Ein Patient träumt, sein Vater übergebe ihm Saccharin, er selbst jedoch weise es zurück, und zwar mit dem stolzen Bemerken, er trinke Kaffee oder Tee lieber bitter als mit irgendwelchen Ersatzmitteln gesüßt. – Zu »übergeben« assoziiert der Kranke: »Übergabe – wörtlich: Tradition; das aber, was mir vom Vater tradiert wird, ist die gemeinsame religiöse Konfession.« Des weiteren ergeben die Assoziationen folgende Tagesreste: Am Abend vor dem Traum habe der Patient in einer Zeitschrift einen Aufsatz gelesen, der den Dialog zwischen einem Existenzphilosophen und einem Theologen darstellt; die Argumentation des Existenzphilosophen sei ihm nun sehr plausibel erschienen, und vor allem habe ihm die Ablehnung existentiell unechter Religiosität seitens dieses Philosophen sehr imponiert – namentlich an jener Dialogstelle, wo der Philosoph es ablehnt, »zu fliehen in ein Reich des Glaubens oder in ein Reich der Träume«, und ausruft: »Was ist das für ein Motiv, glücklich sein zu wollen? Wir wollen die Realität.« Auch hier, im Wachleben, wurde also ein Unechtes abgelehnt. Hören wir aber weiter: Am gleichen Abend hatte unser Kranker im Rundfunk eine Predigt angehört, die er irgendwie als billigen Trost empfand – und irgendwie als »süßlich«. Halten wir damit zusammen, daß im zitierten Aufsatz an einer Stelle auch gefragt wird: »Wie ist es dann, wenn der Geschmack (!) an der Welt verloren geht?« dann verstehen wir recht gut, aufgrund welcher assoziativen Verbindungen das (existentiell) Unechte (an der Religiosität bzw. der tradierten Konfession) elektiv mit der Geschmackssphäre in Verbindung gebracht wird und warum zum traumhaft-bildhaften Gleichnis speziell ein unechter Süßstoff gewählt wird, nämlich das Ersatzmittel Saccharin, das doch den echten Zucker ersetzen soll. Vollends klar jedoch wird uns diese Symbolwahl, wenn wir noch folgendes hinzu erfahren: Unser Patient trägt ständig, gleichsam als Talisman, ein bestimmtes, seiner »tradierten« Konfession entsprechendes, religiöses Symbol bei sich, und zwar zwecks »Tarnung« gegenüber den Blicken Unberufener in einem kleinen Holzdöschen, das ursprünglich als – Saccharin-Packung diente.

Wieder in andern Träumen begegnet uns, innerhalb der Manifestationen des geistig Unbewußten, die persönliche religiöse Problematik nicht nur, wie im zuletzt besprochenen Traum, in bezug auf das Konfessionelle, sondern auch – innerhalb des Konfessionellen – im besonderen Bezug auf das Kirchlich-Institutionelle. Als empirischer Beleg für diese Möglichkeit sei der folgende Traum einer Kranken angeführt:

Sie träumte: »Ich gehe in die Alser-Kirche.« Hierzu assoziiert sie: Auf dem Wege zu meinem Psychotherapeuten komme ich an der Alser-Kirche vorbei und habe mir dabei wiederholt gedacht: Ich bin auf dem Wege zu Gott – aber nicht durch die Kirche, sondern gleichsam durch die psychotherapeutische Behandlung hindurch; mein Weg zu Gott führt also sozusagen über den Arzt – freilich: Auf dem Rückweg vom Arzt komme ich ja wieder an der Alser-Kirche vorbei; mein Weg zur Behandlung ist also ein Umweg zur Kirche. – Der Traum geht wie folgt weiter: »Die Kirche macht einen verlassenen Eindruck.« Deutung: Die Kirche »ist« verlassen bedeutet: die Patientin hat die Kirche verlassen – tatsächlich hatte sie der Kirche den Rücken gekehrt. – »Die Kirche ist ganz ausgebombt; das Dach ist eingestürzt, und nur der Altar steht unversehrt.« Deutung: Die – inneren – Erschütterungen durch das Kriegserleben hatten die Patientin tatsächlich nicht nur seelisch aufgelockert, sondern ihr auch den Blick freigegeben auf das Zentrale (Altar!) der Religion. – »Blauer Himmel scheint herein; die Luft ist frei.« Deutung: Die inneren Erschütterungen haben ihr die Sicht freigemacht auf das Überirdische. – »Aber über mir sind noch Reste des Daches, Gebälk, das herabzufallen droht – und ich fürchte mich davor.« Deutung: Die Kranke fürchtet sich vor Rück-Fällen, vor dem Wieder-verschüttet-Werden. – »Und ich flüchte ins Freie, und zwar etwas enttäuscht.« Deutung: Tatsächlich hatte sie in letzter Zeit, was ihre Bejahung nicht nur des Religiös-Konfessionellen, sondern auch des Kirchlich-Institutionellen anlangt, mit kleinen Enttäuschungen zu tun: einem restlosen Sich-bekennen zu ihrer Kirche waren gelegentliche Eindrücke entgegengestanden, die sich auf angebliche Kleinlichkeit und Engherzigkeit einzelner Priester und Theologen bezogen.

Daß dieser Patientin das Kirchlich-Institutionelle innerhalb ihrer religiös-konfessionellen Problematik zu schaffen gab, wird uns in dem Augenblick nicht weiter wundern, wo wir hören, daß sie zu ausgesprochen mystisch-ekstatischen Erlebnissen neigte. Es mag daher von Interesse sein, auch diese Seite ihrer religiösen Problematik bis in die Träume hinein zu verfolgen, bzw. aus Träumen zu erfahren, inwieweit auch diese Seite der unbewußten Geistigkeit unserer Patientin in Träume Eingang fand. Dies bestätigt nun der folgende Traum der Kranken:

»Ich befinde mich auf dem Stephansplatz.« Deutung: das Zentrum des katholischen Wien. – »Ich stehe vor dem vermauerten Portal der Stephanskirche.« Deutung: Der Zugang zum Christentum ist ihr noch verschlossen. – »Im Dom selbst ist Dunkel; aber ich weiß: Dort ist Gott.« Assoziation: »Wahrlich, du bist ein verborgener Gott.« – »Ich suche nach dem Eingang.« Deutung: Nun sucht sie den Zugang zum Christentum. – »Es ist schon kurz vor zwölf Uhr.« Deutung: Es ist höchste Zeit. – »Pater N. N. predigt drinnen.« (Pater N. N. ist für unsere Patientin irgendwie repräsentativ für das Christentum.) »Durch eine Luke sehe ich seinen Kopf.« Deutung: Seine Person vermittelt ihr nur einen Ausschnitt von dem, was er repräsentiert. – »Ich will ins Innere.« Deutung: Sie will sich von der Person ab- und dem Wesentlichen zuwenden. – »Ich laufe durch enge Gänge.« Deutung: Enge = Angst: Unsere Patientin ist in ängstlicher, ungeduldiger Erwartung, an ihr Ziel zu gelangen. – »Ich habe eine Bonbonnière bei mir; sie trägt eine Aufschrift mit den Worten: Gott ruft.« Deutung: Ihre Berufung zu einem religiösen Leben – jenem Ziel, das sie so ungeduldig anstrebt –, also schon der Weg zum Ziel birgt die Süßigkeit mystisch-ekstatischen Erlebens in sich. – »Ich entnehme der Bonbonnière ein Bonbon und esse es, obzwar ich weiß, daß es mich vielleicht krank machen wird.« Assoziation: Wiederholt hat die Kranke geäußert, daß sie sich ihren mystischen Ekstasen ganz bewußt auf die Gefahr hin ergebe, »dem Wahnsinn zu verfallen«, also krank zu werden. – »Ich fürchte mich davor, jemand könnte die Aufschrift auf der Bonbonnière sehen; ich schäme mich und beginne, diese Aufschrift auszuradieren.« Assoziation: Patientin wußte, daß ihr »Fall« publiziert werden sollte, und hatte darauf hin auch alles unternommen, um diese Publikation zu hintertreiben.

Hier begegnet uns ein für die weiteren Untersuchungen nicht unwichtiges Moment: die Tatsache, daß das Religiöse mitunter schamhaft verborgen wird. Es wäre nun weit gefehlt, solche Schamhaftigkeit mit neurotischer Gehemmtheit zu verwechseln. Scham ist eine durchaus natürliche Haltung und stellt keineswegs in jedem Falle eine neurotische Hemmung dar. Seit der diesbezüglichen Arbeit Max Schelers wissen wir ja, daß der Scham auch in der Liebe eine ausgesprochene Schutzfunktion zukommt. Ihre Aufgabe besteht darin, zu verhüten, daß etwas schlechterdings Objekt werde – Objekt von Zuschauern. Wir können demnach sagen: Die Liebe scheut das Geschautwerden. So flieht sie auch vor aller Öffentlichkeit; denn in der Öffentlichkeit, von der Öffentlichkeit fürchtet der Mensch, daß ein ihm Heiliges entweiht werde. Diese Entweihung

könnte nämlich dadurch geschehen, daß die Unmittelbar-
keit der Hingabe verlorengeht, indem diese Hingabe irgendwie zum Gegenstand gemacht wird; aber nicht etwa
bloß zum Gegenstand fremden Zusehens, sondern auch
zum Gegenstand eigener Selbstbeobachtung. In beiden
Fällen droht der unmittelbare, ursprüngliche, der Echt-
heitscharakter – droht somit die Existentialität zu ent-
schwinden, bzw. sich in die Faktizität eines von den andern
oder von sich selbst beobachteten Zustands umzuwandeln.
Mit andern Worten: durch die Fremd- oder Selbstbeobachtung würde die Liebe ent»ich«t und ver»es«t.
Ganz das gleiche nun scheint auch mit etwas anderem,
dem Menschen nicht weniger Heiligem, ja dem ihm Heilig-
sten zu geschehen: der Religiosität. Vergessen wir doch
nicht: Die Religiosität stellt mindestens so sehr wie die
Liebe eine wahre Intimität dar; sie ist dem Menschen
»intim« im doppelten Wortsinn: sie ist ihm zu »innerst« –
und sie steht, gleich der Liebe, unter dem Schutze der
Scham. Auch echte Religiosität verbirgt sich, um ihrer Echt-
heit willen, vor aller Öffentlichkeit; sie verbirgt sich, um
sich nicht zu verraten. Ihr »intimes« religiöses Erleben jedoch zu »verraten« – dies fürchten unsere Patienten in
einem zweifachen Sinne: sowohl im Sinne von »ausplau-
dern« als auch im Sinne von »Verrat begehen«. Letzteres
fürchten sie nämlich insofern, als sie dieses ihr intimes
Erleben nicht ausliefern wollen in Hände, die es vielleicht
nicht begreifen, die es vielleicht nicht erfassen würden
als das Eigentliche, das es ist, vielmehr hinstellen wollten
als ein Uneigentliches: solche Patienten fürchten, etwa der
Arzt, dem sie ihr Erleben preisgeben würden, könnte das
Religiöse vielleicht demaskieren wollen als eine Sublimie-
rung von Libido; oder aber er könnte es als etwas Unper-
sönliches entlarven – als etwas nicht Ich-haftes, sondern
Es-haftes (»archaisches Unbewußtes«) oder Man-haftes
(»kollektives Unbewußtes«).[1]

---

[1] Einer meiner Patienten äußerte einmal spontan: »Wieso kommt es,
daß ich mich für alle religiösen Dinge schäme, daß sie mir peinlich und

Nur so ist es zu verstehen, daß die zuletzt besprochene Patientin eine tiefe Scheu davor empfand, sich eines Tages als »Fall« publiziert und damit ihr religiöses Empfinden irgendwie zu einer Sache degradiert zu sehen. Dieser Scheu begegnen wir natürlich nicht nur bezüglich Publikationen, diese Scheu vor der Öffentlichkeit ist also nicht nur eine solche vor »Veröffentlichungen«, sondern auch vor dem Vorgeführtwerden vor einem »Publikum«. Wir denken hierbei nämlich an Beobachtungen, die wir in unserem psychotherapeutischen Vorlesungsbetrieb machen konnten:

In unseren Vorlesungen werden die Patienten nicht im Hörsaal vorgeführt, vielmehr findet das Gespräch in einem Nebenraum unter vier Augen vor einem Mikrophon statt, das es mittels einer Lautsprecheranlage in den Hörsaal überträgt; die Kranken werden also dem Publikum nicht vor Augen, sondern gleichsam vor Ohren geführt – das Publikum ist also ein wahres »Auditorium«. Auf diese Weise wird also eigentlich nichts »zur Schau gestellt«, sondern den in diesem Falle wirklich bloßen »Hörern« nur zu Gehör gebracht. Trotzdem ist und bleibt die Aussage der Patienten irgendwie doch eine Aussage coram publico; denn die Übertragung des Gesprächs in den Hörsaal erfolgt natürlich mit ihrem Wissen und Einverständnis. Es erscheint uns nun höchst bemerkenswert, *daß dieselben Kranken*, die angesichts der von uns hergestellten optimalen Bedingungen einer Wahrung ihres Inkognitos und dementsprechend einer maximalen Herabsetzung ih-

---

lächerlich vorkommen? Nun, ich weiß es selber ganz genau, warum ich mich meiner religiösen Bedürfnisse schäme: Der Grundton der seelischen Behandlung, wie sie mir seit 27 Jahren zuteil wurde – bei andern Ärzten und andern Kliniken –, war doch immer: solche Sehnsucht sei Spintisieren, unsinnige Spekulation; weil es eben nur das gebe, was man sieht und hört, und alles andere Unsinn sei, durch ein Trauma ausgelöst oder nur eine Flucht in die Krankheit (um dem Leben auszuweichen). So mußte ich, wenn ich von meinem Bedürfnis nach Gott sprach, fast fürchten, daß mir das die Zwangsjacke einbringt. Jede Art von Behandlung war bis jetzt ein ewiges Danebenreden.«

rer Befangenheit *ohne weiteres bereit sind, etwa ihr Se-*
xualleben bis in die intimsten, ja bis in perverse Details zu
besprechen, – daß dieselben Patienten »Hemmungen« zei-
gen, sobald ihr intimes religiöses Erleben zur Sprache
kommt. So wurde während einer solchen Besprechung vor
dem Mikrophon in einem Raum hinter dem Hörsaal eine
Patientin gelegentlich einmal ganz improvisiert nach Träumen befragt und reproduzierte auf diese – für sie über-
raschende – Frage den folgenden Traum:
»Ich befinde mich inmitten einer großen Menschenmenge
– es geht zu wie auf einem Jahrmarkt; alle bewegen sich in
eine Richtung – während ich selbst mich bemühe, in der
entgegengesetzten Richtung vorwärtszukommen.« Deutung: Im Jahrmarktstrubel dieser Welt ist die große Masse
einheitlich ausgerichtet, eben ver»mass«t; Patientin aber
schwimmt sozusagen gegen den Strom. – »Irgendwie weiß
ich um die Richtung, in der ich zu gehen habe; denn am
Himmel leuchtet ein Licht, dem ich nachfolge. Dieses Licht
wird nun immer stärker und stärker und verdichtet sich
schließlich zu einer Gestalt.« Deutung: Erst weiß die Kranke nur beiläufig um die Richtung, dann aber genauer. –
Nun fragen wir sie, um was für eine Gestalt es sich da ge-
handelt habe. Die Kranke aber wird im gleichen Augenblick verlegen, und nach einigem Zögern fragt sie mit
bettelndem Blick: »Muß ich wirklich darüber sprechen?«
Und erst auf eindringliches Zureden gibt sie ihr Geheimnis preis: »Die Gestalt war Christus.« Im Traume hatte
sie, hatte ihr Gewissen von ihr verlangt, Christus nachzu-
folgen, ihren Weg als Christin zu gehen.
In diesem Traum kann von eigentlicher religiöser Problematik nicht mehr die Rede sein: Für diese Patientin ist die
Religion, ist ihr religiöser Weg anscheinend fraglos. Im
Gegensatz hierzu gab es jedoch in den vorher dargestellten
Träumen anderer Kranker ausgesprochene religiöse Problematik; sie trat uns dabei in mehr oder minder verhüll-
ter Weise gegenüber – je nachdem, wie sehr bzw. wie wenig die Religiosität des jeweils Träumenden eine manifeste

bzw. eine latente war, je nachdem also, ob die Religiosität der betreffenden Menschen ihnen selbst bewußt war oder unbewußt geblieben, von ihnen verdrängt worden war. Daß es zu solcher »Verdrängung« von Religiosität, zu deren psychologischer Verborgenheit vor dem bewußten Ich, überhaupt kommen kann, wird uns nun, nach dem, was wir oben über den wahrhaft »intimen« Charakter echter Religiosität gesagt haben, nicht weiter verwundern. Es wird uns aber auch nicht wundern, wenn wir auch bei manifest irreligiösen Menschen gelegentlich auf flagrant religiöse Träume stoßen; denn nun wissen wir, aus welchem tiefen, wesensnotwendigen Grunde es nicht nur unbewußte oder verdrängte libido gibt, sondern auch unbewußte oder verdrängte religio. Daß erstere jedoch dem triebhaft Unbewußten zuzuzählen ist, während letztere wesentlich dem geistig Unbewußten zugehört, ist nach dem eingangs Besprochenen klar, für unsere späteren Untersuchungen aber eine wichtige Voraussetzung.

5. Die Transzendenz des Gewissens

Sind wir im vorigen Kapitel bei Besprechung der existenzanalytischen Traumdeutung auf das psychologische Faktum unbewußter bzw. verdrängter Religiosität gestoßen,
so wollen wir nun zeigen, inwieweit diese psychologischen
Ergebnisse der Existenzanalyse auch ihren ontologischen
Erwartungen entsprechen. Tatsächlich ist dies auch der
Fall; denn die Existenzanalyse des Gewissens, wie wir sie
im vorletzten Abschnitt angegangen sind, muß uns, wenn
wir sie nur auch recht zu Ende gehen, mit einem höchst
bedeutsamen Befund konfrontieren, den wir vorweg als
Transzendenz des Gewissens umschreiben möchten. Um
die Gewissenstranszendenz nun zu erhellen, brauchen wir
nur auszugehen von folgenden Tatsachen:
Alle Freiheit hat ein Wovon und ein Wozu: das, »wovon«
der Mensch frei sein kann, ist das Getriebensein – sein Ich
hat Freiheit gegenüber seinem Es; das aber, »wozu« der
Mensch frei ist, ist das Verantwortlichsein. Die Freiheit des
menschlichen Willens ist also Freisein »vom« Getrieben-
sein »zum« Verantwortlichsein, zum Gewissen-haben.
Dieser Tatbestand mit seinem doppelten Aspekt ist wohl
am besten getroffen von einem schlichten imperativischen
Satz der Maria von Ebner-Eschenbach: »Sei deines Willens
Herr und deines Gewissens Knecht!« Und von diesem
Satze, von dieser ethischen Forderung, wollen wir nun
ausgehen, um zu erhellen, was wir als die Transzendenz
des Gewissens bezeichnet haben. Unsere Überlegungen
gestalten sich dabei folgendermaßen:
»Sei deines Willens Herr …« Nun, Herr meines Willens
bin ich schon, sofern ich Mensch bin, zugleich aber dieses
mein Menschsein richtig verstehe: sofern ich es eben als
Freisein, mein ganzes Dasein als volles Verantwortlichsein
verstehe. Soll ich jedoch darüber hinaus »Knecht meines

Gewissens« sein, ja soll ich das überhaupt auch nur sein können, dann muß dieses Gewissen wohl etwas anderes sein, mehr sein als ich selbst; dann muß es wohl etwas Höheres sein als der Mensch, der die »Stimme des Gewissens« doch bloß vernimmt, – dann muß es etwas Außermenschliches sein. Mit andern Worten: Knecht meines Gewissens kann ich erst dann sein, wenn ich, in meinem Selbstverständnis, das Gewissen als ein mein bloßes Menschsein transzendierendes Phänomen – und damit mich selbst, meine Existenz, eben von der Transzendenz her verstehe. Ich dürfte also das Phänomen des Gewissens dann nicht bloß in seiner psychologischen Faktizität, sondern in seiner wesentlichen Transzendentalität begreifen; »Knecht meines Gewissens« kann ich also eigentlich nur dann sein, wenn die Zwiesprache mit meinem Gewissen echtes Zwiegespräch ist, also mehr als bloßes Selbstgespräch – wenn mein Gewissen also mehr ist als mein Ich: wenn es Sprachrohr ist von etwas anderem.

Sollte also die Sprache irren, wo sie von einer Stimme des Gewissens spricht? Denn das Gewissen könnte ja schon darum nicht »Stimme haben«, weil es ja selber Stimme »ist« – Stimme der Transzendenz. Diese Stimme hört der Mensch nur ab – aber sie stammt nicht vom Menschen ab; im Gegenteil: erst der transzendente Charakter des Gewissens läßt uns den Menschen und läßt uns im besonderen seine Personalität überhaupt erst in einem tieferen Sinne verstehen. Der Ausdruck »Person« würde in diesem Lichte nämlich eine neue Bedeutung gewinnen; denn wir könnten jetzt sagen: Durch das Gewissen der menschlichen Person per-sonat eine außermenschliche Instanz. Welche Instanz das sei, können wir von hier aus, allein im Zusammenhang mit der Ursprungsproblematik des Gewissens bzw. mit dessen transzendenter Verwurzelung, nicht erschließen; sehr wohl aber läßt sich zumindest das eine behaupten: daß auch diese außermenschliche Instanz ihrerseits notwendig von personaler Seinsart sein muß – wobei sich von diesem ontologischen Schluß dann freilich auch zurückschließen lassen müßte auf das, was man die Eben-bildlichkeit der menschlichen Person nennt.

Das Gewissen als ein immanent-psychologisches Faktum verweist also schon von sich aus auf Transzendenz; nur von der Transzendenz aus, nur als selber irgendwie transzendentes Phänomen ist es zu verstehen. So wie der Nabel des Menschen für sich betrachtet sinnlos erscheinen müßte, weil er nur aus der Vorgeschichte, ja der vorgeburtlichen Geschichte des Menschen zu verstehen ist als ein »Rest« am Menschen, der hinausweist über den Menschen selbst, auf seine Herkunft vom mütterlichen Organismus, in dem er einst geborgen war, – genau so läßt sich das Gewissen als sinnvoll nur dann restlos verstehen, wenn es verstanden wird im Sinne eines Hinweises auf einen transzendenten Ursprung. Solange wir innerhalb der biologischen Ontogenese den Menschen nur als einzelnen für sich betrachten, ohne ihn von seinem Ursprung her zu verstehen zu trachten, ebenso lange läßt sich nicht alles an seinem Organismus verstehen; genau so läßt sich aber auch innerhalb der Ontologie des Menschen nicht alles an ihm und vor allem nicht das Gewissen verstehen, solange wir nicht auf einen transzendenten Ursprung zurückgreifen. Verständlich wird das Gewissen erst von einer außermenschlichen Region her; letzlich und eigentlich also nur dann, wenn wir den Menschen in seiner Geschöpflichkeit verstehen, so daß wir sagen können: Als Herr meines Willens bin ich Schöpfer – als Knecht meines Gewissens aber bin ich Geschöpf. Mit andern Worten: zur Erklärung menschlichen Frei-seins genügt die Existentialität – zur Erklärung menschlichen Verantwortlich-seins jedoch muß ich zurückgreifen auf die Transzendentalität des Gewissen-habens.

So wird das Gewissen – das wir ja von vornherein zum Modell des geistig Unbewußten gemacht haben – zu einer Art Schlüsselstelle, an der sich uns die wesentliche Transzendenz des geistig Unbewußten erschließt. Das psychologische Faktum des Gewissens ist demnach nur der immanente Aspekt eines transzendenten Phänomens – nur jenes Stück, das in die psychologische Immanenz hineinragt. Das Gewissen ist nur die immanente Seite eines transzendenten Ganzen, das als solches aus der Ebene psychologischer Immanenz herausragt, diese Ebene eben transzendiert. Daher kann es auch niemals ohne Gewaltsamkeit aus dem Raum des Geistigen in die Ebene des Seelischen hinabprojiziert werden – wie es alle psychologistischen »Erklärungen« vergeblich versuchen.[1]

Es wurde bereits gesagt, das Gewissen sei Stimme der Transzendenz und insofern selber transzendent. Der irreligiöse Mensch ist nun nichts anderes als einer, der diese Transzendenz des Gewissens verkennt. Denn auch der irreligiöse Mensch »hat« ja Gewissen, auch der Irreligiöse hat Verantwortung; er fragt bloß nicht weiter – weder nach dem Wovor der Verantwortung noch nach dem Woher des Gewissens. Das soll uns aber nicht wundern:

Im I. Buch Samuel (3, 2–9) wird geschildert, wie Samuel als Knabe eines Nachts gemeinsam mit dem Hohepriester Eli im Tempel schläft. Da weckt ihn eine Stimme, die ihn mit Namen ruft. Er erhebt sich und wendet sich an Eli, um ihn zu fragen, was er, Eli, von ihm wünsche; der Hohepriester aber hat ihn gar nicht gerufen und befiehlt ihm, sich wieder schlafenzulegen. Dasselbe wiederholt sich ein zweitesmal, und erst beim drittenmal weist der Hohepriester den Knaben an, das nächstemal, wenn er seinen Namen rufen hört, aufzustehen und zu sagen: »Sprich, Herr, denn dein Knecht hört!«

Sogar der Prophet hat also, da er noch ein Knabe war, den Anruf, der von der Transzendenz an ihn erging, als solchen verkannt. Wie sollte da ein gewöhnlicher Mensch imstande sein, den transzendenten Charakter jener Stimme, die er aus seinem Gewissen heraushört, ohne weiteres zu erkennen? Und wie sollte es uns da wundern, wenn er die

---

[1] Vgl. meine Bücher »Zeit und Verantwortung«, Wien 1947, S. 6, und »Der Wille zum Sinn«, Bern–Stuttgart–Wien 1982, S. 39.

Stimme, die im Gewissen zu ihm spricht, gewöhnlich für etwas hält, das lediglich in ihm selbst begründet ist?

Der irreligiöse Mensch ist also derjenige, der sein Gewissen in dessen psychologischer Faktizität hinnimmt; derjenige, der bei diesem Faktum als einem bloß immanenten quasi haltmacht – vorzeitig haltmacht, können wir sagen: denn er hält das Gewissen für eine Letztheit, für die letzte Instanz, vor der er sich zu verantworten hat. Das Gewissen ist aber nicht das letzte Wovor des Verantwortlichseins; es ist keine Letztheit, sondern eine Vorletztheit. Vorzeitig hat der irreligiöse Mensch auf seiner Wegsuche zur Sinnfindung haltgemacht, wenn er über das Gewissen nicht hinausgeht, nicht hinausfragt. Er ist gleichsam erst auf einem Vorgipfel angelangt. Warum aber geht er nicht weiter? Weil er den »festen Boden unter den Füßen« nicht missen will; denn der eigentliche Gipfel – der ist seiner Sicht entzogen, der ist vom Nebel verhüllt, und in diesen Nebel, in dieses Ungewisse, wagt er sich eben nicht hinein. Dieses Wagnis leistet eben nur der religiöse Mensch. Was aber sollte beide davon abhalten, daß sie dort, wo der eine stehenbleibt und der andere aufbricht zum letzten Wegstück, voneinander Abschied nehmen ohne Groll?

Gerade der religiöse Mensch müßte doch auch diese negative Entscheidung seines Mitmenschen respektieren können; er müßte diese Entscheidung sowohl als grundsätzliche Möglichkeit anerkennen wie auch als tatsächliche Wirklichkeit hinnehmen. Denn gerade der religiöse Mensch müßte wissen, daß die Freiheit einer solchen Entscheidung eine gottgewollte, gottgeschaffene ist; denn in einem solchen Grade ist der Mensch frei, von seinem Schöpfer frei geschaffen, daß diese Freiheit eine Freiheit bis zum Nein ist, daß sie so weit geht, daß das Geschöpf sich auch gegen seinen eigenen Schöpfer entscheidet, daß es Gott auch verleugnen kann.

Freilich: mitunter begnügt sich der Mensch damit, nur den Namen Gottes zu verleugnen; aus Hochmut spricht er dann nur von »Göttlichem« oder von der »Gottheit«, und selbst ihr noch möchte er am liebsten einen Privatnamen geben oder sie um jeden Preis verbergen hinter vagen, nebulosen Ausdrücken pantheistischer Tönung. Denn so, wie ein wenig Mut dazu gehört, sich zu dem, was man einmal erkannt hat, auch zu bekennen, so gehört auch ein wenig Demut dazu, es mit jenem Wort zu benennen, mit dem es die Menschen seit Jahrtausenden belegen: mit dem schlichten Worte Gott.

Bisher war hauptsächlich vom Wovor der menschlichen Verantwortlichkeit die Rede, und wir haben gesehen, wie dabei die ethische Fragestellung in die religiöse umschlägt. Aber das Gewissen verweist nicht nur auf die Transzendenz, sondern es entspringt auch innerhalb der Transzendenz; es ist daher ontisch irreduzibel. Aus der Ursprungsproblematik des Gewissens hinaus führt kein psychologischer, kein psychogenetischer, sondern nur ein ontologischer Ausgang.

Die Vergeblichkeit aller Versuche einer ontischen Reduktion des Gewissens, also einer ontischen Lösung der Frage nach seinem Woher, hat schon Hebbel gesehen, als er in einem Brief an Uechtritz (vom 13. 5. 1857) schrieb: »Das Gewissen steht mit sämtlichen Zwecken, die sich auf dem Standpunkt des Materialismus für den Menschen ergeben, im schneidenden Widerspruch, und wenn man auch versuchen mag, ihm den Geschlechtserhaltungstrieb im Sinn eines Regulators und Korrektivs des Individuellen zugrunde zu legen, was gewiß früher oder später geschieht, falls es noch nicht geschehen sein sollte, so wird man es dadurch so wenig erklären als aufheben.« Nun, was Hebbel hier prophezeit hat, ist inzwischen tatsächlich geschehen, und zwar war es die Psychoanalyse, die den Versuch unternommen hat, das Gewissen aus der Triebhaftigkeit zu erklären, auf sie zurückzuführen: die Psychoanalyse nennt das Gewissen Über-Ich, und dieses Über-Ich leitet sie ab von der Introjektion der Vater-Imago.

Aber ebensowenig wie sich das Ich vom Es herleiten läßt, ebensowenig läßt sich das Über-Ich vom Ich herleiten.

Hier stehen wir vielmehr vor einer zweifachen Aporie: einerseits der Existentialität des Ich und andererseits der Transzendentalität des sogenannten Über-Ich. Bezüglich des erstgenannten Tatbestands haben wir ja bereits davon gesprochen, daß sich das (existentielle) Verantwortlichsein des Menschen niemals auf sein Getriebensein zurückführen läßt, daß sich das Ich niemals aus der Triebhaftigkeit ableiten läßt, daß der Begriff der »Ich-Triebe« vielmehr ein in sich selbst widerspruchsvoller ist. Die Triebe könnten nie und nimmer sich selbst verdrängen oder zensurieren oder sublimieren; und mag es, rein biologisch gesehen, auch noch so sehr Triebenergie sein, die zum Zwecke der Eindämmung der Triebhaftigkeit eingesetzt wird, – das, was sie einsetzt, kann nicht selber wieder von der Triebhaftigkeit hergeleitet werden.

Ebenso aber wie das Es nicht sich selbst verdrängen kann, ebenso kann das Ich auch nicht vor sich selbst sich verantworten. Niemals kann das Ich sein eigener ethischer Gesetzgeber sein. So kann es denn auch letztlich gar keinen autonomen »kategorischen Imperativ« geben; denn jeder kategorische Imperativ erhält seine Legitimation ausschließlich von der Transzendenz, aber nicht von der Immanenz. Sein kategorischer Charakter steht und fällt mit dieser seiner Transzendenz und läßt sich daher aus der Immanenz auch nicht ableiten. Denn damit, daß das Ich – im Gegensatz zum Es als Getriebensein – wesentlich Verantwortlichsein ist, ist noch lange nicht gesagt, daß dieses verantwortliche Ich verantwortlich sei nur vor sich selbst. Frei sein ist wenig, ist nichts – ohne ein Wozu; aber auch verantwortlich sein ist noch nicht alles – ohne ein Wovor.

So wenig sich also aus den Trieben (Es) der Wille (Ich) ableiten läßt, so wenig läßt sich aus dem Wollen das Sollen (Über-Ich) herleiten; »denn« – erinnern wir uns doch des schönen Goethe-Wortes – »alles Wollen ist ja nur ein Wollen, weil wir eben sollten«.

Das Sollen ist bei allem Wollen somit irgendwie immer schon vorausgesetzt; das Sollen ist dem Wollen ontologisch vorgelagert. Denn genau so, wie ich nur antworten kann, sofern ich gefragt bin, wie also jede Antwort ihr Worauf erheischt und wie dieses Worauf früher sein muß als die Antwort selbst, genau so ist das Wovor aller Verantwortung – vorgängig der Verantwortung selbst. Mein Sollen muß vorgegeben sein, sofern ich wollen soll.

Hinter dem Über-Ich des Menschen steht nicht das Ich eines Übermenschen, vielmehr steht hinter dem Gewissen das Du Gottes; denn nie und nimmer könnte das Gewissen ein Machtwort sein in der Immanenz, wäre es nicht das Du-Wort der Transzendenz.

Kein Über-Ich, kein »Ich-Ideal« könnte wirksam sein, wenn es lediglich aus mir stammte, wenn es nur ein von mir selbst entworfenes Vorbild wäre und nicht irgendwie vorgegeben, vorgefunden; nie könnte es wirksam sein, wenn es sich dabei nur um meine eigene Erfindung handelte.

Und wenn Jean-Paul Sartre den Menschen frei nennt und von ihm verlangt, daß er wähle, daß er sich selbst erfinde, daß der Mensch den Menschen »entwerfe«, und wenn Sartre dabei meint, der Mensch könne sich selbst erfinden, ohne hierbei ein vorgegebenes Vorbild vorzufinden, ohne daß ihm hierbei also etwas von einer wesentlich außermenschlichen Region her entgegenkomme, dann müssen wir fragen: Gliche solches Beginnen nicht dem indischen Seiltrick? Bei diesem Trick will der Fakir glauben machen, am Seil, das er in die Luft werfe, könne ein Knabe emporklettern. Genau so entwirft der Mensch nach Sartre sein Sein-sollen ins Nichts – ohne daß ihm von irgendwoher ein Halt geboten würde – und glaubt, er könne sich an diesem Entwurf empor-arbeiten, empor-entwickeln.

Wir sehen: das ist nichts anderes als ontologisierte Psychoanalyse, als eine Ontologisierung der psychoanalytischen Überich-Theorie. Was die Psychoanalyse behauptet, ist nicht mehr und nicht weniger als folgendes: *Das Ich zieht sich selbst am Schopf des Über-Ich aus dem Sumpf des Es.*

In Wirklichkeit ist nicht Gott eine Vater-Imago, sondern

der Vater eine Imago Gottes. Für uns ist nicht der Vater
das Urbild aller Göttlichkeit, vielmehr ist genau das Gegenteil richtig: Gott ist das Urbild aller Vaterhaftigkeit.
Nur ontogenetisch, biologisch, biographisch ist der Vater
das Erste – ontologisch jedoch ist Gott der Erste. Psycholo-
gisch ist also die Beziehung Kind – Vater der Beziehung
Mensch – Gott zwar vorgängig, ontologisch ist sie aber
nicht vorbildlich, sondern abbildlich. Ontologisch gesehen
ist mein leiblicher Vater, der mich leiblich gezeugt hat, der
gleichsam nur zufällige erste Repräsentant dessen, der alles
erzeugt hat; ontologisch gesehen ist also mein natürlicher
Schöpfer nur das erste Symbol und damit gewissermaßen
die Imago für den übernatürlichen Schöpfer aller Natur.[2]

---

[2] Vgl. die unbeeinflußte Äußerung eines Patienten: »Da ich des göttlichen Vaters verlustig gegangen bin, suchte ich nach Ersatzhimmeln:
so kam es bei mir zu meiner so ausgeprägten Sehnsucht nach dem
leiblichen Vater – *den ich nie gekannt habe!* – und zu meiner Anhäng-
lichkeit an die verstorbene Mutter.« Ein andermal: »Die Gottessehn-
sucht – mein Verlangen, ins göttliche Kraftfeld hineinzukommen – ist
bei mir *primär.*«

6. Unbewußte Religiosität

Überblicken wir nicht nur die Ergebnisse, die wir uns in den letzten Abschnitten erarbeitet haben, sondern halten wir sie mit früheren Ergebnissen der Existenzanalyse zusammen, dann zeigt sich so etwas wie ein Dreischritt im Fortgang, in der Selbstentfaltung dieser unserer Forschungsrichtung:

Ausgegangen ist sie vom phänomenologischen Urtatbestand des menschlichen Seins als Bewußtsein und Verantwortlichsein bzw. der Synthese oder »Potenzierung« beider im Verantwortungs-Bewußtsein, im Bewußt-sein des Verantwortung-habens.

In einer zweiten Entwicklungsphase nun unternahm die Existenzanalyse den Vorstoß in die unbewußte Geistigkeit; so wie sie als Logotherapie das Geistige zum Seelischen – bis dahin eigentlich dem einzigen Gegenstand der Psycho-Therapie – hinzugenommen hatte, so lernte und lehrte sie nun auch innerhalb des Unbewußten das Geistige sehen – also gleichsam den unbewußten Logos: Zum Es als dem triebhaft Unbewußten trat als neuer Befund hinzu das geistig Unbewußte. Mit dieser unbewußten Geistigkeit des Menschen – die wir dabei als eine durchaus ich-hafte qualifiziert haben – wurde jene unbewußte Tiefe erschlossen, in der gerade die großen, existentiell echten Entscheidungen fallen; daraus aber ergab sich nicht mehr und nicht weniger, als daß es über das Verantwortungsbewußtsein bzw. die bewußte Verantwortlichkeit hinaus auch so etwas wie eine unbewußte Verantwortlichkeit geben muß.

Ist die Existenzanalyse mit der Entdeckung des geistig Unbewußten jener Gefahr entgangen, der die Psychoanalyse unterlegen war, hatte jene nämlich nicht, wie diese, das Unbewußte ver»es«t und ent»ich«t, so war sie außerdem noch einer weiteren, sozusagen ihrer inneren Gefahr entgangen: Mit der Anerkennung des geistig Unbewußten begegnete sie auch jeder möglichen einseitigen Intellektualisierung und Rationalisierung in Hinsicht auf das Wesen des Menschen. Der Mensch konnte ihr nicht mehr als ausschließliches Vernunftwesen erscheinen – nicht mehr als ein Wesen, das ausschließlich von der theoretischen oder »praktischen Vernunft« her zu verstehen ist.

Nun aber hat die Existenzanalyse in einer dritten Entwicklungsphase innerhalb der unbewußten Geistigkeit des Menschen so etwas wie unbewußte Religiosität entdeckt – im Sinne einer unbewußten Gottbezogenheit als einer dem Menschen anscheinend immanenten, wenn auch noch so oft latent bleibenden Beziehung zum Transzendenten. Während sonach mit der Entdeckung der unbewußten Geistigkeit das Ich (Geistiges) hinter dem Es (Unbewußtes) in Sicht kam, wurde mit der Entdeckung der unbewußten Religiosität noch hinter dem immanenten Ich das transzendente Du sichtbar. Hatte sich sonach das Ich als ein »auch unbewußtes« bzw. das Unbewußte als ein »auch geistiges« erwiesen, so erschloß sich nunmehr dieses geistig Unbewußte als ein »auch transzendentes«.

Die sich so enthüllende unbewußte Gläubigkeit des Menschen – mitgegeben und mitgesehen im Begriff seines »transzendent Unbewußten« – würde besagen, daß Gott von uns unbewußt immer schon intendiert ist,[1] daß wir eine, wenn auch unbewußte, so doch intentionale Beziehung zu Gott immer schon haben. Und diesen Gott eben nennen wir den unbewußten Gott.

Unsere Formel vom unbewußten Gott meint also nicht, daß Gott an sich, für sich, sich selbst – unbewußt sei; vielmehr meint sie, daß Gott mitunter uns unbewußt ist, daß unsere Relation zu ihm unbewußt sein kann, nämlich verdrängt und so uns selbst verborgen.[2]

---

[1] »Tibi loquitur cor meum.«

[2] Vgl. die wörtliche Äußerung eines Patienten: »Die Menschen sind ganz selbstverständlich natur- und gottverbunden, nur wissen sie nichts davon.«

Schon in den Psalmen ist die Rede vom »verborgenen Gott«; und in der hellenistischen Antike gab es den »Dem unbekannten Gott« geweihten Altar. Was nun unsere Formel vom »unbewußten Gott« meint, wäre dann die verborgene Beziehung des Menschen zum seinerseits verborgenen Gott.

Vor drei Möglichkeiten der Entgleisung jedoch hätte sich diese unsere Formel zu bewahren. Fürs erste dürfte sie nicht pantheistisch mißverstanden werden. Denn nichts liegt uns ferner, als etwa zu behaupten, das Unbewußte oder gar das Es sei selber göttlich. Mag sich auch gezeigt haben, daß das Unbewußte, als ein »auch geistiges«, ebenso unbewußte Religiosität in sich birgt – nie und nimmer dürfte es darum nun auch selber mit dem Nimbus des Göttlichen umgeben werden. Denn daß wir eine unbewußte Beziehung zu Gott immer schon haben, bedeutet noch keineswegs, daß Gott »in uns« sei, daß er uns unbewußt einwohne, unser Unbewußtes ausfülle – dies alles wären Thesen einer dilettierenden Theologie.

Aber auch eine weitere Entgleisung wäre denkbar: Wir könnten die These vom »unbewußten Gott« etwa im Sinne des Okkultismus fehlinterpretieren; so zwar, daß jenes Paradoxon, das sie ja enthält, nämlich die Paradoxie eines »unbewußten Wissens« um Gott, dann hinausliefe auf die Stipulierung, das Unbewußte sei allwissend oder zumindest mehrwissend als man selbst – das Es wisse mehr, als »ich« weiß. Aber, wie wir schon sagten, das Unbewußte ist nicht nur nicht göttlich, sondern kein einziges göttliches Attribut kommt ihm zu, und so auch nicht das Attribut der Allwissenheit. Wie also die erstgenannte Entgleisung einer dilettierenden Theologie, so entspräche die zuletzt angeführte einer kurzschlüssigen Metaphysik.

Keine Wissenschaft kann sich selbst verstehen, über sich selbst urteilen, ohne sich über sich selbst zu erheben. Und so kann auch keine Wissenschaft, als ontische, die sie ist, ihre Ergebnisse beurteilen und deren Konsequenzen absehen, ohne ihr eigenes Feld, den ontischen Bereich, zu verlassen und sich einer ontologischen Prüfung zu unterziehen. Wiederholt sahen auch wir uns gezwungen, die Grenzen der streng wissenschaftlichen Region zu überschreiten, um die wissenschaftlichen Ergebnisse mit den ontologischen Erwartungen zu konfrontieren. Aber nur um so wichtiger muß es für uns sein, den Boden der Empirie nicht unter den Füßen zu verlieren und in das zu verfallen, was wir vorhin als kurzschlüssige Metaphysik bzw. als dilettierende Theologie bezeichneten. Vielmehr sehen wir unsere Aufgabe darin, herkommend von schlichten Erfahrungstatsachen diese Tatsachen mit den herkömmlichen Methoden wissenschaftlich auszuwerten. So waren wir darum bemüht, mit Hilfe der klassischen Methode freier Assoziation auch unsere Traumdeutungen vorzunehmen. Nur galt es dabei, den phänomenologischen Tatbeständen den ihnen als solchen gebührenden Rang auch zu belassen. Sie waren von einer dermaßen massiven Realität, daß wir es ablehnen mußten, sie einer weiteren analytischen Reduktion um jeden Preis zu unterziehen. Wir denken hierbei natürlich in erster Linie an so manchen flagrant religiösen Traum manifest irreligiöser Menschen; im besonderen aber tritt uns in solchen Fällen ein im Wachsein nie gekanntes ekstatisches Glücksgefühl gegenüber, das wir, sofern wir ehrlich bleiben wollen, keinesfalls mehr etwa auf ein angeblich noch dahinter stehendes sexuelles Glücksgefühl zurückführen können.[3]

Nun hätten wir aber noch eine weitere, die dritte – und die wichtigste – mögliche Entgleisung zu besprechen: nicht dezidiert genug können wir nämlich erklären, daß das Unbewußte nicht nur nicht göttlich und nicht einmal allwissend ist, sondern daß es, sofern es eine unbewußte Beziehung zu Gott enthält, vor allem eines nicht ist: Es ist nicht es-haft.

Das aber war der große Fehler von C. G. Jung; denn mag

---

[3] Vgl. die Äußerung des Patienten: »Im Traume erlebte ich oftmals ein erlösendes Weinen; ein versöhnendes Weinen, wie ich es im Erwachen nicht erleben kann.«

dieser Forscher auch zweifelsohne das Verdienst haben, innerhalb des Unbewußten auch das Religiöse gesehen zu haben, so beging er dennoch den grundlegenden Fehler, die unbewußte Religiosität wiederum ins Es-hafte abgebogen zu haben: er hat den »unbewußten Gott« falsch lokalisiert.

Jung hat die unbewußte Religiosität ins Es verlagert, er hat sie dem Es zugerechnet – für das Religiöse in seinem Sinne war das Ich gleichsam nicht zurechnungsfähig, nicht zuständig; noch immer war das Religiöse nicht in der Verantwortung und in der Entscheidung des Ich.

Nach Jung ist »Es« in mir religiös – aber nicht »Ich« bin dann gläubig; »Es« treibt mich dann zu Gott – aber ich entscheide mich dann nicht für Gott.

Denn bei Jung ist die unbewußte Religiosität gebunden an religiöse Archetypen, demnach an Elemente des archaischen bzw. des kollektiven Unbewußten. Tatsächlich stellt bei Jung die unbewußte Religiosität nichts weniger dar als ein persönliches Entscheiden des Menschen; vielmehr ist es bei ihm ein kollektives, ein »typisches« – eben ein archetypisches Geschehen »im« Menschen. Wir aber meinen, daß gerade die Religiosität schon darum keinem kollektiven Unbewußten entspringen könnte, weil sie zu den persönlichen, ja den persönlichsten, eben zu ich-haften Entscheidungen gehört – die zwar sehr wohl unbewußt sein können, deshalb aber noch lange nicht der es-haften Triebsphäre angehören müssen.

Für Jung und seine Schule aber ist die unbewußte Religiosität etwas wesentlich Triebhaftes; ja H. Bänziger [4] erklärt rundweg: »Wir können von einem *religiösen Trieb* sprechen, wie von einem Sexual- oder Aggressionstrieb« (Hervorhebung im Original!). Wir aber fragen: Was wäre das schon für eine Religiosität, zu der ich getrieben bin – getrieben wie zur Sexualität? Wir bedanken uns für eine Religiosität, die wir einem »religiösen Trieb« zu verdanken hätten. Denn echte Religiosität hat nicht Triebcharak-

---

[4] Schweizerische Zeitschrift für Psychologie VI, 4 (1947), S. 281 bis 282.

ter, sondern Entscheidungscharakter; Religiosität steht mit ihrem Entscheidungscharakter – und fällt mit ihrem Triebcharakter. Denn Religiosität ist entweder existentiell, oder sie ist gar nicht.

Nach wie vor aber – so wie bei Freud – ist bei Jung das Unbewußte, und so auch das »religiöse« Unbewußte, ein etwas, das die Person determiniert. Für uns aber ist die unbewußte Religiosität, ja ist schon ganz allgemein das geistig Unbewußte, ein entscheidendes Unbewußt-sein – und eben nicht ein vom Unbewußten her Getrieben-sein; für uns ist das geistig Unbewußte und erst recht die unbewußte Religiosität, also das »transzendent Unbewußte« zumal, kein determinierendes, sondern ein existierendes Unbewußtes.

Als solches gehört es jedenfalls der (unbewußt) geistigen Existenz an, nicht aber der psychophysischen Faktizität. Jung aber versteht »unter Archetypen eine strukturelle Eigenschaft oder Bedingung, die der mit dem Gehirn irgendwie verbundenen Psyche eigentümlich ist«[5]. Damit wird die Religiosität durchaus zu einer Angelegenheit des menschlichen Psychophysicums – während sie doch in Wahrheit eine Angelegenheit des Trägers dieses Psychophysicums ist, nämlich der geistigen Person. Für Jung handelt es sich bei den religiösen Urbildern um unpersönliche Bilder eines kollektiven Unbewußten, die sich im individuellen Unbewußten mehr oder weniger fertig einfach vorfinden lassen – eben als psychologische Fakten, als Anteile der psychophysischen Faktizität; und von hier aus setzen sie sich eigenmächtig, wo nicht zwangsläufig durch – gleichsam über unsere Person hinweg. Wir aber sind der Ansicht, daß die unbewußte Religiosität aus der Mitte des Menschen, aus der Person selbst, hervortritt (und in diesem Sinne wahrhaft »ex-sistiert«), sofern sie nicht in der Tiefe der Person, eben im geistig Unbewußten, als verdrängte Religiosität in der Latenz verbleibt.

---

[5] C. G. Jung, »Psychologie und Religion«.

Damit, daß wir der unbewußten Religiosität ihren geistig-existentiellen Charakter belassen, statt sie der psychophysischen Faktizität zuzurechnen, wird es uns natürlich auch unmöglich, sie für etwas Angeborenes zu halten: Die Religiosität kann unseres Erachtens schon deshalb nicht angeboren sein, weil sie nicht ans Biologische gekettet ist. Damit soll keineswegs bestritten werden, daß sich alle Religiosität immer schon innerhalb gewisser präformierter Bahnen und Schemata bewegt; aber als solche Schemata dienen ihr nicht angeblich angeborene, vererbte Archetypen, sondern die je schon vorgefundenen konfessionellen Formen, in die sie sich jeweils ergießt. Es ist also durchaus zuzugeben, daß solche präformierten Formen vorhanden sind; aber bei diesen religiösen Urbildern handelt es sich nicht um in uns schlummernde, auf biologischem Wege überkommene Archetypen, sondern um die auf traditionellem Wege übernommenen Urbilder je unseres religiösen Kulturkreises. Diese Bilderwelt ist uns also nicht angeboren, sondern in sie sind wir hineingeboren.

Wir bestreiten also keineswegs, daß der Mensch für seine Religiosität etwas vorfindet, – daß es ein faktisch Vorgefundenes ist, das er sich existentiell aneignet. Aber dieses Vorgefundene, diese Urbilder – das sind nicht irgendwelche Archetypen, sondern das sind die Gebete unserer Väter, die Riten unserer Kirchen, die Offenbarungen unserer Propheten – und die Vorbilder unserer Heiligen.

Der Überlieferungen stehen genug zur Verfügung – niemand braucht Gott erst zu erfinden; aber niemand bringt ihn in Form von angeborenen Archetypen auch schon mit. Echte und in diesem Sinne ursprüngliche Religiosität hat also nicht das geringste zu tun mit archaischer und in diesem Sinne primitiver Religiosität. Etwas anderes ist es freilich, wenn wir oft feststellen können, daß die ursprüngliche – die ursprünglich vorhandene und nachträglich verdrängte Religiosität mancher Menschen eine naive ist: eine naive nämlich im Sinne kindlicher Gläubigkeit. Denn *sofern die unbewußte Religiosität eine verdrängte ist, steht* ja gar nichts anderes zu erwarten, als daß sie überall dort, wo sie aus der Verschüttung gehoben wird, noch an Erlebnisbeständen der Kindheit haftet. Und tatsächlich: sofern die Existenzanalyse zur Ekphorierung solcher verdrängt gehaltener Religiosität führt und so eine An-amnese im wahrsten Wortsinn leistet, sehen wir, wie sie immer wieder eine unbewußte Gläubigkeit zutage fördert, die im wahrsten, im besten Wortsinn kindlich zu nennen ist. Mag sie aber auch kindlich und in diesem Sinne naiv sein – primitiv, archaisch im Sinne von Jung ist sie darum keineswegs. Nichts findet sich da, im Ergebnis ihrer unvoreingenommenen Analyse, von all jener archaisierenden Mythologie, wie sie uns in den Deutungen der Jungschen Schule entgegentritt; sondern wie sie in der Existenzanalyse mitunter zutage treten, decken sich solche unbewußtreligiösen Erlebnisbestände schlicht mit lieben alten Bildern aus Kindheitstagen.

Mit der Existenzanalyse stehen wir also längst nicht mehr dort, wo die Psychoanalyse stand. Heute zerbrechen wir uns nicht mehr den Kopf über »die Zukunft einer Illusion«; aber wir machen uns sehr wohl Gedanken über die Ewigkeit einer Realität – über die Ewigkeit und Gegenwärtigkeit, ja die Allgegenwart jener Realität, als welche sich uns die Religiosität des Menschen enthüllt hat: als eine Realität im strengsten empirischen Sinne; eine Realität freilich, die auch unbewußt bleiben oder unbewußt werden, die auch verdrängt worden sein kann. Gerade dann aber, in solchen Fällen, ist es die Aufgabe der Existenzanalyse, diese unbewußt immer schon gegenwärtige geistige Realität vergegenwärtigen zu lassen. Hat doch die Existenzanalyse dem neurotischen Daseinsmodus auf den Grund zu gehen – auf seinen letzten überhaupt angebbaren Grund; als solcher Grund der neurotischen Existenzweise jedoch wird sich nicht allzu selten die Tatsache nachweisen lassen, daß der neurotische Mensch eine Defizienz aufweist: Seine Beziehung zur Transzendenz ist gestört. Sein transzendenter Bezug ist verdrängt. Aber aus der Verborgenheit seines »transzendent Unbewußten« hervor meldet sich diese verdrängte Transzendenz mitunter in einer »Unruhe des Herzens«,[6] die gelegentlich sehr wohl auch zu einer neurotischen Vordergrundsymptomatik zu führen vermag, die also sozusagen unter dem Bilde einer Neurose verlaufen kann. In diesem Sinne gilt demnach auch von der unbewußten Religiosität, was von allem Unbewußten gilt: Sie kann pathogen sein. Auch die verdrängte Religiosität kann somit eine »unglücklich verdrängte« sein.[7]

Und dies gilt in klinischem Ernst. Nehmen wir doch folgendes Beispiel eines Patienten mit schwerer Zwangsneurose, die seit Jahrzehnten bestand und auch mehrfachen, langdauernden psychoanalytischen Behandlungsversuchen trotzte: Im Mittelpunkt seiner zwangsneurotischen Befürchtungen stand die Phobie, diese oder jene seiner Handlungen könnte dazu führen, daß seine verstorbene Mutter oder Schwester »verdammt« würde. Aus diesem Grunde ließ sich unser Patient beispielsweise nicht in den Staatsdienst aufnehmen – er hätte einen Diensteid schwören müssen, diesen Eid jedoch irgendeinmal, wenn auch in noch so geringfügiger Weise, vielleicht durchbrechen können; und dann, so meinte er, wären Mutter und Schwester verdammt worden. Auch der Ehe war unser Patient ausgewichen – nur deshalb, weil er bei der Hochzeit sein Ja-wort hätte geben müssen, es aber irgendeinmal vielleicht durchbrochen hätte und auch dies die Verdammung seiner verstorbenen Angehörigen hätte herbeiführen können. Und unlängst, so erzählte er, hätte er einen Radioapparat nur deswegen nicht gekauft, weil ihm in diesem Augenblick der Zwangsgedanke durch den Kopf gegangen sei: wenn er ein bestimmtes technisches Detail nicht sofort erfasse,

---

[6] Vgl. etwa den dargestellten Fall einer Herzneurose in meinem Buch: Ärztliche Seelsorge. Grundlagen der Logotherapie und Existenzanalyse, Frankfurt am Main [14]1987, S. 211–213.

[7] Vgl. die Äußerung eines meiner Kranken: »Ich bin der medizinische Beweis dafür, daß man ohne Gott nicht leben kann.«

dann würden Mutter und Schwester im Jenseits verdammt.

Angesichts einer solchen Fülle wenn auch verbogener, so doch religiöser Vorstellungselemente fragten wir unseren Patienten nun nach seiner vita religiosa bzw. seiner Einstellung zu religiösen Fragen: Da hörten wir nun, daß er sich entschieden als »Freigeist« deklarierte; er sei »Haeckel-Anhänger«. Und dies alles brachte er vor, nicht ohne stolz zu betonen, wie weit er es in seinem Verständnis der modernen Physik gebracht habe; die Elektronentheorie beispielsweise beherrsche er vollkommen. Auf die Frage, ob er sich in religiösen Dingen überhaupt auskenne, gab er zu, davon wohl zu wissen; aber er »kenne das Gebetbuch etwa so, wie der Verbrecher das Gesetzbuch«: er kenne es, ohne sich auch nur irgendwie dazu zu bekennen. Ob er also ungläubig sei? fragten wir ihn und erhielten zur Antwort: »Wer kann das von sich sagen? Mit der Vernunft bin ich gewiß ungläubig; aber mit dem Gefühl glaube ich vielleicht dennoch. Mit der Vernunft glaube ich jedenfalls an nichts als eine naturgesetzliche Bestimmung – nicht aber etwa an einen Gott, der lohnt und straft.« Und siehe: Derselbe Mensch, der diese Worte gesprochen, hatte kurz zuvor, im Zusammenhang mit der Schilderung einer Potenzstörung, gemeint: »Ich hatte im betreffenden Augenblick die Zwangsvorstellung, Gott könnte sich an mir rächen.«

Wenn Freud sagt: »Die Religion ist die allgemein menschliche Zwangsneurose; wie die des Kindes stammt sie aus dem Ödipuskomplex, der Vaterbeziehung«[8] – so sind wir, angesichts des soeben dargestellten Falles, wohl nahe daran, den Satz umzukehren und eher die Behauptung zu wagen: Die Zwangsneurose ist die seelisch erkrankte Religiosität.

Wenn die Gläubigkeit verkümmert, dann wird sie anscheinend verbildet. Haben wir aber nicht auch im kulturellen Bereich, also nicht nur im individuellen, sondern auch in

---

[8] »Die Zukunft einer Illusion.«

sozialem Maßstab gesehen, daß der verdrängte Glaube in Aberglauben ausartet? Und dies überall dort, wo das religiöse Gefühl einer Verdrängung seitens der selbstherrlichen Vernunft, des technischen Verstands[9] zum Opfer fällt? In diesem Sinne mag uns vieles an unseren heutigen kulturellen Zuständen wirklich als die »allgemein menschliche Zwangsneurose« anmuten, um mit Freud zu sprechen, – vieles, mit Ausnahme von einem: mit der Ausnahme gerade der Religion.

Von der nicht-kollektiven, von der individuellen Zwangsneurose aber, ja von der Neurose schlechthin läßt sich in nicht wenigen Fällen sagen: In der neurotischen Existenz rächt sich an ihr selber die Defizienz ihrer Transzendenz.

---

[9] Wenn Goethe sagt: »Wer Kunst und Wissenschaft besitzt, der hat auch Religion« – dann wissen wir heute nur allzu gut, wohin es führen würde, wenn die Menschheit etwa Wissenschaft *und nicht mehr* besäße; die Menschheit hätte dann nämlich von ihrer ganzen »reinen Wissenschaftlichkeit« alsbald nur noch eines: Atombomben.

7. Psychotherapie und Religion

Zum Schluß wollen wir uns nun fragen, in welcher unmittelbaren Beziehung all die angeschnittenen Fragen mit ärztlicher Tätigkeit oder medizinischer Forschung stehen sollen. Ist doch der Arzt an religiösen Fragen nicht als Arzt, nicht von Berufs wegen interessiert. Kommen solche weltanschaulichen Fragen aber zur Sprache, dann ist er als Arzt zu bedingungsloser Toleranz verpflichtet.

Was aber den für die eigene Person religiösen Arzt anlangt, so läßt sich sagen, daß diese Verpflichtung zur Toleranz auch für ihn gilt. Zwar läßt sich von ihm nichts weniger behaupten, als daß er an der Religiosität bzw. Irreligiosität seines Patienten desinteressiert sei; wohl nicht als Arzt – aber als Mensch, als selber Gläubiger, ist er an Dingen wie diesen sogar höchst interessiert. Aber vergessen wir doch eines nicht: Nicht weniger interessiert als an der Religiosität des Andern wird dieser Arzt auch an der Spontaneität solcher Religiosität sein. Mit andern Worten: Er wird das höchste Interesse daran haben müssen, daß diese Religiosität zu einem spontanen Durchbruch gelangt. Und diesen Durchbruch wird er daher auch ruhig abwarten. Dies wird er um so leichter können, als ja gerade er, als seinerseits religiöser Mensch, von der latenten Religiosität auch der manifest Irreligiösen von vornherein überzeugt sein wird. Denn der gläubige Arzt glaubt ja nicht nur an seinen Gott, sondern ineins damit auch an den unbewußten Glauben des Kranken; er glaubt also nicht nur bewußt an den eigenen Gott, sondern zugleich damit auch an ihn als einen dem Kranken »unbewußten Gott«; an diesen »unbewußten Gott« aber glaubt er als an einen dem Kranken nur »noch nicht« bewußt gewordenen.

Religiosität – so haben wir ja schon gehört – ist nur dort echt, wo sie existentiell ist, wo also der Mensch nicht irgendwie zu ihr getrieben ist, sondern sich für sie entscheidet. Nun aber sehen wir, daß zu diesem Moment der Existentialität als ein zweites noch hinzutritt das Moment der Spontaneität: echte Religiosität – soll sie existentiell sein – muß auch die Zeit haben, spontan aufzukeimen. Nie dürfte da ein Mensch gedrängt werden. Wir können deshalb sagen: *Zu echter Religiosität läßt sich der Mensch weder vom Es treiben – noch vom Arzt drängen.*

Schon Freud, der in ähnlichen Zusammenhängen bekanntlich von »zweierlei Bewußtheit« sprach, hat darauf hingewiesen, daß der therapeutische Effekt des Bewußtwerdens unbewußter Inhalte mit der Spontaneität solcher Bewußtwerdung steht und fällt. Analoges gilt nun eben auch von der Religiosität; und so wie bei den verdrängten »Komplexen« nur die spontan erarbeitete Bewußtheit zur Heilung führt, so mag auch bei der unbewußten Religiosität nur ihr spontanes Durchbrechen zum Heile gereichen.

Hier wäre alles programmatische Daraufhinarbeiten verfehlt; ja jede mehr oder minder bewußte Intention wäre dazu angetan, den Effekt zu vereiteln. Dieser Dinge sind sich sogar die Priester sehr wohl bewußt, und nicht einmal sie wären bereit, auf die Spontaneität aller wahren Religiosität zu verzichten. So erinnern wir uns eines Vortrags, in dem ein Priester schilderte, wie er eines Tages ans Bett eines Sterbenden geholt wurde, von dem er wußte, daß er ungläubig war: der Mann hatte bloß das Bedürfnis gehabt, sich vor seinem Tode gründlich auszusprechen – und hatte hierzu den Priester gewählt. Und nun berichtete dieser Priester, daß er diesem Manne die Spendung der Sterbesakramente – nicht angeboten hatte; und zwar einfach darum nicht, weil es den Sterbenden nicht spontan danach verlangt hatte. So sehr legte also selbst ein Priester Wert auf solche Spontaneität.

Sollen wir Ärzte aber priesterlicher sein wollen als die Priester? Sollten wir nicht vielmehr mindestens ebensosehr wie die Priester die freie Entscheidung der uns anvertrauten Menschen, der sich uns anvertrauenden Kranken, in

deren religiösen Anliegen zumal, zu respektieren haben?
Nun melden sich jüngst in psychotherapeutischen Kreisen
immer wieder Stimmen, deren Forderung darauf hinausliefe, daß der Psychotherapeut den Priester sogar noch
übertrumpfe. Das aber wäre Hybris. Denn *wir müssen die*
ärztliche Funktion von der priesterlichen Mission streng
unterscheiden. Und so wie der irreligiöse Arzt dem religiösen Patienten das lassen soll, was der Patient hat: seinen
Glauben – so muß der religiöse Arzt dem Priester lassen,
was des Priesters ist: dessen Amt.

Vom Zwangsneurotiker haben wir andernorts behauptet,
er sei von einem geradezu faustischen Drang nach Hun-
dertprozentigkeit beseelt, indem er die hundertprozentig
sichere Erkenntnis und die hundertprozentig gültige Entscheidung suche; insofern, so meinten wir, habe es ihm die
Verheißung der Schlange angetan: »eritis sicut Deus,
scientes bonum et malum«. (Tatsächlich liegt die Hybris
des Zwangsneurotikers in diesem Sich-hinwegsetzen-wol-
len über seine Kreatürlichkeit – hier liegt seine Hybris,
nicht aber dort, wohin er sie in seiner Skrupulosität, dieser
Hyperakusis des Gewissens, fälschlich lokalisiert.) Von jenen Psychotherapeuten nun, die sich in ihren Usurpations-
bestrebungen anmaßen wollen, es den Priestern gleichzu-
tun, läßt sich sagen: sie wollen esse sicut pastores – demon-
strantes bonum et malum.

So wie wir etwa von der Logotherapie selber behauptet
haben, sie könne und wolle die Psychotherapie nicht ersetzen, sondern nur ergänzen, so haben wir von vornherein
auch von der ärztlichen Seelsorge erklärt, es liege ihr nichts
ferner, als die priesterliche Seelsorge ersetzen zu wollen.

Die Pflicht dazu, gegenüber einem religiösen Kranken
religiöse Gesichtspunkte hervorzukehren, hat der Arzt niemals als Arzt, sondern immer nur als seinerseits Gläubiger.
Und zweitens: Das Recht hierzu hat er ebenfalls immer
nur als seinerseits gläubiger Mensch; denn ein nicht-reli-
giöser Arzt hätte nie und nimmer das Recht, sich der Religion gleichsam als eines recht und schlecht tauglichen Mit-

tels zum therapeutischen Zweck zu bedienen. Das hieße nämlich, die Religion degradieren – aus der Religion etwas machen, das gerade gut genug ist, um der Gesunderhaltung oder Gesundung zu dienen.

Denn mag die Religion, dem Effekt nach, noch so sehr psychotherapeutisch wirksam sein – ihr Motiv ist primär durchaus kein psychotherapeutisches. Mag sie sich sekundär auch noch so günstig auswirken auf Dinge wie seelische Gesundheit und seelisches Gleichgewicht: ihr Ziel ist nicht seelische Heilung, ihr Ziel ist das Seelenheil. Religion ist keine Versicherung auf ein geruhsames Leben, auf möglichste Konfliktfreiheit oder welche psychohygienische Zielsetzung auch immer. Religion verschafft dem Menschen mehr als Psychotherapie – und sie verlangt auch mehr von ihm. *Jede Kontamination dieser beiden Bereiche, die zwar im Effekt einander decken mögen, je ihrer Intention nach einander aber fremd sind, ist grundsätzlich abzulehnen.*

Im Sinne einer solchen Forderung müssen wir aber auch alle Versuche ablehnen, die darauf ausgehen, die ärztliche Seelsorge in die priesterliche aufgehen zu lassen, und die verlangen, daß die Psychotherapie ihre Eigenständigkeit als Wissenschaft sowie ihre Selbständigkeit gegenüber der Religion aufgebe und sich dazu bekenne, Ancilla der Theologie zu sein.

Genauso wie die Würde des Menschen begründet ist in seiner Freiheit – einer Freiheit, die eine Freiheit bis zum Nein sein muß, bis dorthin demnach, wo sich der Mensch dazu entschließt, sich Gott gegenüber zu verschließen, genauso beruht die Würde der Wissenschaft auf jener unbedingten Freiheit, die der Forschung ihre Unabhängigkeit garantiert; so wie die menschliche Freiheit bis zum Nein hin gewährleistet sein muß, so muß die Forschungsfreiheit gewährleistet sein auf eine Gefahr hin: nämlich auf die Gefahr hin, daß die Resultate der Forschung mit der Glaubenswahrheit in Widerspruch geraten sollten. Denn nur solcher militanten Forschung kann jener Triumph erste-

hen, der in der widerspruchsfreien Einordnung ihrer Ergebnisse in die sie überordnende Glaubenswahrheit besteht.

Sofern wir nun von »Würde« – sei es des Menschen, sei es
der Forschung – sprechen, ließe sich Würde definieren als
der Wert an sich, und ihm gegenüberstellen ließe sich dann
der Nutzwert als der Wert »für mich«. Und nun können
wir sagen: Wer die Psychotherapie zur Ancilla der Theologie zu machen versucht, wer die Psychotherapie vermag-
den will, – der raubt ihr mit der Forschungsfreiheit nicht
nur die Würde einer selbständigen Wissenschaft, sondern
nimmt ihr zugleich auch den möglichen Nutzwert, den sie
für die Religion haben kann. Denn einen solchen Nutzwert kann die Psychotherapie immer nur per effectum haben, niemals aber per intentionem. Soll sie – sei es in ihren
empirischen Forschungsresultaten, sei es in ihren psychotherapeutischen Behandlungseffekten – der Religion jemals dienen können, so wird sie das nur dann können,
wenn sie sich nicht auf einer gebundenen Marschroute bewegt, nicht in ihren Absichten schon von vornherein fest-
gelegt hat; denn an der Wissenschaft sind von Wert für die
Theologie immer nur die unbeeinflußten Ergebnisse einer
unabhängigen Forschung.

Und sofern die Psychotherapie jemals den Nachweis erbringen wird, daß die Seele wirklich das ist, wofür wir sie
halten: anima naturaliter religiosa – wird sich dieser Nachweis nur erbringen lassen von einer Psychotherapie als
scientia naturaliter irreligiosa: gerade von einer Wissenschaft, die nicht »von Natur aus« religiös gebunden ist,
von sich aus vielmehr nichts als Wissenschaft ist und bleiben will.

Je weniger die Psychotherapie sich dazu hergibt, der Theologie die Dienste einer Ancilla zu leisten, um so größer
werden die Dienste ausfallen, die sie ihr tatsächlich leisten
wird.

Denn man muß nicht Magd sein, um dienen zu können.

8. Logotherapie und Theologie

Religion ist ein Phänomen am Menschen, am Patienten, ein Phänomen unter anderen Phänomenen, denen die Logotherapie begegnet; im Prinzip aber sind für die Logotherapie die religiöse und die irreligiöse Existenz ko-existente Phänomene, und die Logotherapie ist ihnen gegenüber zu einer neutralen Einstellung verpflichtet. Die Logotherapie ist ja eine Richtung der Psychotherapie, und diese darf – zumindest nach dem österreichischen Ärztegesetz – nun einmal nur von Ärzten ausgeübt werden. Wenn also schon aus keinem anderen Grunde, so würde der Logotherapeut, weil er als Arzt den hippokratischen Eid geleistet hat, dafür Sorge tragen müssen, daß seine logotherapeutische Methodik und Technik anwendbar ist auf jeden Kranken, mag er nun gläubig oder ungläubig sein, und anwendbar bleibt durch jeden Arzt, ungeachtet dessen persönlicher Weltanschauung. Mit anderen Worten: Für die Logotherapie kann Religion nur ein Gegenstand sein – nicht aber ein Standort. Nach dieser Bestimmung des Standortes der Logotherapie innerhalb der Medizin wenden wir uns nunmehr ihrer Abgrenzung gegenüber der Theologie zu, die sich unseres Erachtens folgendermaßen umreißen läßt:

Das Ziel der Psychotherapie ist seelische Heilung – das Ziel der Religion jedoch ist das Seelenheil. Wie verschieden diese beiden Zielsetzungen voneinander sind, mag daraus hervorgehen, daß der Priester um das Seelenheil seines Gläubigen unter Umständen ringen wird ganz bewußt auf die Gefahr hin, ihn eben dadurch nur noch in größere emotionale Spannungen zu stürzen – er wird es ihm nicht ersparen können; denn primär und ursprünglich liegt dem Priester jedes psychohygienische Motiv fern – Religion ist mehr als ein bloßes Mittel, den Leuten psychosomatische

Magengeschwüre zu ersparen, wie ein Jesuitenpater aus den USA scherzhaft bemerkt hat. Aber mag die Religion ihrer primären Intention nach auch noch so wenig um so etwas wie seelische Gesundung oder Krankheitsverhütung bemüht und bekümmert sein, so ist es doch so, daß sie in ihren Resultaten – und nicht ihrer Intention nach – psychohygienisch, ja psychotherapeutisch wirksam wird, indem sie dem Menschen eine Geborgenheit und eine Verankerung sondergleichen ermöglicht, die er nirgendwo anders fände, die Geborgenheit und die Verankerung in der Transzendenz, im Absoluten. Einen analogen unbeabsichtigten Nebeneffekt können wir auch auf seiten der Psycho-

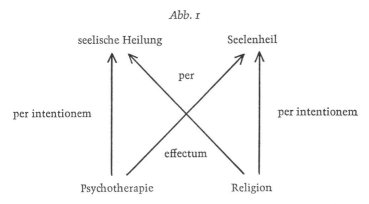

Abb. 1

Aus: Viktor E. Frankl, Der Mensch auf der Suche nach Sinn, Freiburg im Breisgau 1972, S. 73.

therapie verzeichnen, insofern nämlich, als wir in vereinzelten Fällen sehen, wie der Patient im Laufe der Psychotherapie zurückfindet zu längst verschütteten Quellen einer ursprünglichen, unbewußten, verdrängten Gläubigkeit. Aber wann immer solches zustande kommt, hätte es niemals in der legitimen Absicht des Arztes gelegen sein können, es sei denn, daß sich der Arzt mit seinem Patienten auf demselben konfessionellen Boden trifft und dann aus einer Art Personalunion heraus handelt – aber dann hat er ja von vornherein seinen Patienten gar nicht als Arzt behandelt.

Selbstverständlich ist es nicht so, als ob die Ziele der Psychotherapie und der Religion auf derselben Seinsebene stünden. Vielmehr ist die Ranghöhe seelischer Gesundheit eine andere als die des Seelenheils. Die Dimension, in die der religiöse Mensch vorstößt, ist also eine höhere, umfassendere als die Dimension, in der sich so etwas wie Psychotherapie abspielt. Der Durchbruch in die höhere Dimension geschieht aber nicht in einem Wissen, sondern im Glauben.

Wollen wir das Verhältnis der humanen zur divinen, das heißt ultra-humanen Dimension bestimmen, so bietet sich uns als ein Gleichnis der Goldene Schnitt an. Ihm zufolge verhält sich bekanntlich der kleinere Teil zum größeren so wie der größere zum Ganzen. Ist es nicht etwas Analoges mit dem Verhältnis des Tieres zum Menschen und des Menschen zu Gott? Bekanntlich eignet dem Tier bloße Umwelt, während der Mensch »Welt hat« (Max Scheler); aber die menschliche Welt verhält sich zu einer Überwelt nicht anders als die tierische Umwelt zur menschlichen Welt. Und das heißt: Ebensowenig wie das Tier imstande wäre, aus seiner Umwelt heraus den Menschen und dessen Welt zu verstehen, ebensowenig ist es möglich, daß der Mensch Einblick habe in die Überwelt, daß er Gott verstünde oder gar dessen Motive nachzuvollziehen vermöchte.

Nehmen wir das Beispiel eines Affen, dem schmerzhafte Injektionen gegeben werden, um ein Serum zu gewinnen. Vermag der Affe jemals zu begreifen, warum er leiden muß? Aus seiner Umwelt heraus ist er außerstande, den Überlegungen des Menschen zu folgen, der ihn in seine Experimente einspannt; denn die menschliche Welt, eine Welt des Sinnes, ist ihm nicht zugänglich, an sie reicht er nicht heran, in ihre Dimension langt er nicht hinein. Aber müssen wir nicht annehmen, daß die menschliche Welt selber und ihrerseits überhöht wird von einer nun wieder dem Menschen nicht zugänglichen Welt, deren Sinn, deren Übersinn allein seinem Leiden erst den Sinn zu geben imstande wäre?

Die Psychotherapie muß sich also diesseits des Offenbarungsglaubens bewegen; denn daß jemand die Offenbarung als solche überhaupt anerkennt, setzt eine Glaubensentscheidung immer schon voraus. Es verfängt also nicht im geringsten, wenn man, einem Ungläubigen gegenüber, darauf verweist, daß es eine Offenbarung gibt; wäre sie für ihn eine solche, so wäre er ja auch schon gläubig.

Mag nun die Religion für die Logotherapie auch noch so sehr »nur« ein Gegenstand sein, wie eingangs gesagt wurde, so liegt sie ihr doch zumindest sehr am Herzen, und zwar aus einem einfachen Grund: im Zusammenhang mit Logotherapie meint Logos Sinn. Tatsächlich geht menschliches Dasein immer schon über sich hinaus, weist es immer schon auf einen Sinn hin. In diesem Sinne geht es dem Menschen in seinem Dasein nicht um Lust oder um Macht, aber auch nicht um Selbstverwirklichung, vielmehr um Sinnerfüllung. In der Logotherapie sprechen wir da von einem »Willen zum Sinn«.

Der Sinn ist eine Mauer, hinter die wir nicht weiter zurücktreten können, die wir vielmehr hinnehmen müssen: Diesen letzten Sinn müssen wir deshalb annehmen, weil wir hinter ihn nicht zurückfragen können, und zwar deswegen nicht, weil bei dem Versuch, die Frage nach dem Sinn von Sein zu beantworten, das Sein von Sinn immer schon vorausgesetzt ist. Kurz, der Sinnglaube des Menschen ist, im Sinne von Kant, eine transzendentale Kategorie. Genauso, wie wir seit Kant wissen, daß es irgendwie sinnlos ist, über Kategorien wie Raum und Zeit hinauszufragen, einfach darum, weil wir nicht denken und so denn auch nicht fragen können, ohne Raum und Zeit immer schon vorauszusetzen – genauso ist das menschliche Sein immer schon ein Sein auf den Sinn hin, mag es ihn auch noch so wenig kennen: Es ist da so etwas wie ein Vorwissen um den Sinn; und eine Ahnung vom Sinn liegt auch dem

»Willen zum Sinn« zugrunde. Ob er es will oder nicht, ob
er es wahrhat oder nicht – der Mensch glaubt an einen
Sinn, solange er atmet. Noch der Selbstmörder glaubt an
einen Sinn, wenn auch nicht des Lebens, des Weiterlebens,
so doch des Sterbens. Glaubte er wirklich an keinen Sinn
mehr – er könnte eigentlich keinen Finger rühren und
schon darum nicht zum Selbstmord schreiten.

Ich sah überzeugte Atheisten sterben, die es zeitlebens
glattwegs perhorresziert hätten, an »ein höheres Wesen«
oder dergleichen, an einen in einer dimensionalen Bedeutung höheren Sinn des Lebens zu glauben; aber auf ihren
Totenbetten haben sie, was sie in Jahrzehnten niemandem
vorzuleben imstande gewesen waren, »in der Stunde ihres
Absterbens« dessen Zeugen vorgestorben: eine Geborgenheit, die nicht nur ihrer Weltanschauung Hohn spricht,
sondern auch nicht mehr intellektualisiert und rationali-
siert werden kann. »De profundis« bricht etwas auf, ringt
sich etwas durch, tritt zutage ein restloses Vertrauen, das
nicht weiß, wem es entgegengebracht wird noch worauf es
vertraut, und das doch dem Wissen um die infauste Pro-
gnose trotzt. In die gleiche Kerbe schlägt Walter v. Baeyer,
wenn er schreibt: »Wir halten uns an Beobachtungen und
Gedanken, die Plügge ausgesprochen hat. Objektiv betrachtet ist keine Hoffnung mehr da. Der Kranke, der bei
klaren Sinnen ist, müßte selbst gemerkt haben, daß er aufgegeben ist. Aber immer noch hofft er, hofft bis zum Ende.
Worauf? Die Hoffnung solcher Kranken, die vordergründig
eine illusionäre, auf Heilung in dieser Welt gerichtete sein
kann und nur im verborgenen Grunde ihren transzendenten Sinngehalt ahnen läßt, muß im Menschsein verankert
liegen, das nie ohne Hoffnung sein kann, vorausweisen
auf eine künftige Vollendung, die zu glauben dem Menschen auch ohne Dogma angemessen und natürlich ist.«[1]
Wenn die Psychotherapie das Phänomen der Gläubigkeit
nicht als ein Glauben an Gott, sondern als den umfassen-

[1] W. v. Baeyer, Psychologie am Krankenbett, in: Gesundheitsfürsorge –
Gesundheitspolitik 7 (1958) S. 197.

deren Sinnglauben auffaßt, dann ist es durchaus legitim, wenn sie sich mit dem Phänomen des Glaubens befaßt und beschäftigt. Sie hält es dann eben mit Albert Einstein, für den die Frage nach dem Sinn des Lebens stellen religiös sein heißt.

Ich möchte nun ergänzen, daß ein analoges Statement auch von Paul Tillich stammt, der uns die folgende Definition anbietet: »Religiös sein heißt, leidenschaftlich die Frage nach dem Sinn unserer Existenz zu stellen.«[2] Jedenfalls ließe sich sagen, daß die Logotherapie – immerhin primär eine Psychotherapie und als solche der Psychiatrie, der Medizin zugehörig – dazu legitimiert ist, sich nicht nur mit dem Willen zum Sinn zu befassen, sondern auch mit dem Willen zu einem *letzten* Sinn, einem Über-Sinn, wie ich ihn zu nennen pflege, und der religiöse Glaube ist letztlich ein Glauben an den Übersinn – ein Vertrauen auf den Übersinn.

Gewiß, diese unsere Auffassung von Religion hat nur noch herzlich wenig zu tun mit konfessioneller Engstirnigkeit und deren Folge, mit religiöser Kurzsichtigkeit, die in Gott anscheinend ein Wesen sieht, das im Grunde nur auf eines aus ist: daß eine möglichst große Zahl von Menschen an ihn glaubt, und überdies noch genau so, wie eine ganz bestimmte Konfession es vorschreibt. Ich kann mir einfach nicht vorstellen, daß Gott so kleinlich ist. Ich kann mir aber auch nicht vorstellen, daß es sinnvoll ist, wenn eine Kirche von mir *verlangt,* daß ich glaube. Ich kann doch nicht glauben *wollen* – ebensowenig wie ich lieben wollen, also zur Liebe mich zwingen kann, und ebensowenig wie ich mich zur Hoffnung zwingen kann, nämlich gegen besseres Wissen. Es gibt nun einmal Dinge, die sich nicht wollen lassen – und die sich daher auch nicht auf Verlangen, auf Befehl herstellen lassen. Um ein einfaches Bei-

---

[2] P. Tillich, Die verlorene Dimension in der Religion, in: Abenteuer des Geistes, Gütersloh 1961, S. 234. Ludwig Wittgenstein bietet uns die folgende Definition an: »An Gott glauben heißt sehen, daß das Leben einen Sinn hat.« (Tagebücher 1914–1916)

spiel zu bringen: Ich kann nicht auf Befehl lachen. Wenn jemand will, daß ich lache, dann muß er sich schon bemühen und mir einen Witz erzählen.

Analog verhält es sich auch mit der Liebe und dem Glauben: sie lassen sich nicht manipulieren. Als intentionale Phänomene stellen sie sich vielmehr erst dann ein, wenn ein adäquater Inhalt und Gegenstand aufleuchtet.

Eines Tages wurde ich von einer Reporterin des amerikanischen Time-Magazins interviewt. Ihre Frage war, ob der Trend von der Religion wegführt. Ich sagte, der Trend führe nicht von der Religion weg, sehr wohl aber von jenen Konfessionen, die anscheinend nichts anderes zu tun haben, als gegeneinander zu kämpfen und sich gegenseitig die Gläubigen abspenstig zu machen. Nun fragte mich die Reporterin, ob dies heißt, daß es früher oder später zu einer *universalen* Religion kommen wird, was ich aber verneinte: im Gegenteil, sagte ich, wir gehen nicht auf eine universale, vielmehr auf eine personale – eine zutiefst personalisierte Religiosität zu, eine Religiosität, aus der heraus jeder zu seiner persönlichen, seiner eigenen, seiner ureigensten Sprache finden wird, wenn er sich an Gott wendet.

Dies bedeutet selbstverständlich noch lange nicht, daß es keine gemeinsamen Rituale und Symbole geben wird. Gibt es doch auch eine Vielzahl von Sprachen – und doch: Gibt es nicht für viele unter ihnen ein gemeinsames Alphabet? So oder so, in ihrer Verschiedenheit gleichen die verschiedenen Religionen verschiedenen Sprachen: Niemand kann sagen, daß seine Sprache den anderen Sprachen überlegen ist – in jeder Sprache kann der Mensch an die Wahrheit herankommen – an die eine Wahrheit, und in jeder Sprache kann er irren, ja lügen. So kann er denn auch durch das Medium jeder Religion hindurch zu Gott finden – zu dem einen Gott.[3]

---

[3] Augustine Meier (»Frankl's ›Will to Meaning‹ as Measured by the **Purpose in Life Test in Relation to Age and Sex Differences**«, Disser-

tation, University of Ottawa, 1973) konnte mit Hilfe von Tests und Statistiken feststellen, daß Sinnfindung möglich ist unabhängig vom jeweiligen Alter und Bildungsgrad und vom männlichen beziehungsweise weiblichen Geschlecht, aber auch davon, ob jemand religiös beziehungsweise irreligiös ist, und, *wenn* er sich zur Religion bekennt, unabhängig von der Konfession, zu der er sich bekennt. Dies stimmt überein mit Forschungsergebnissen von Leonard Murphy (»Extent of Purpose-in-Life and Four Frankl-proposed Life Objectives«, Dissertation, University of Ottawa, 1967), die ebenfalls auf Tests und Statistiken basierten: »people who had chosen God and another person as their life objective did not differ significantly in their scores on the Purpose in Life Test. Both groups found equal meaning for their lives.« Nicht hinsichtlich des Glaubens beziehungsweise Unglaubens, sondern hinsichtlich des konfessionellen Glaubensbekenntnisses jedoch lautet die Zusammenfassung von Meier folgendermaßen: »The inability to find evidence to show that subjects differ on the Purpose in Life Test scores on the basis of religious differences gives support to Frankl's idea that God, as experienced by different religious affiliations, can give equal meaning to subjects.«

9. Ärztliche Seelsorge

Ein Problem für sich ist es jedoch, was mit den faktisch nichtreligiösen Menschen geschehen soll, wenn sie sich, lechzend nach einer Antwort auf jene Fragen, die sie zutiefst bewegen, nun einmal an den Arzt wenden. Die Ordination des Arztes ist eine Auffangstelle geworden für alle am Leben Verzweifelnden, an einem Sinn des Lebens Zweifelnden.

»Er mag das wollen oder nicht – in der Lebensnot außerhalb des Krankseins zu raten ist dem Arzt vielfach heute an Stelle des Seelsorgers auferlegt«, und »man kann nicht ändern, daß die Menschen in Lebensnot heute zum größeren Teil nicht den Seelsorger, sondern den lebenserfahrenen Berater im Arzt suchen« (H. J. Weitbrecht). Es handelt sich hierbei um eine Rolle, in die der Arzt gedrängt ist (Karl Jaspers, Alphons Maeder, G. R. Heyer u. a.). »Die Patienten sind es, die uns vor die Aufgabe stellen, selbst die Aufgabe der Seelsorge zu übernehmen« (Gustav Bally). »Nur zu oft ist die Psychotherapie darauf angewiesen, in Seelsorge auszumünden« (W. Schulte); denn die von Victor v. Gebsattel so benannte »Abwanderung der abendländischen Menschheit vom Seelsorger zum Nervenarzt« ist ein Tatbestand, dem sich der Seelsorger nicht verschließen, und eine Anforderung, der sich der Nervenarzt nicht versagen darf. »Die Psychotherapie ist unvermeidlich, auch wo sie es nicht weiß noch wissen will, immer auch irgendwie Seelsorge. Oft muß sie ausdrücklich seelsorgliche Eingriffe vornehmen.«[3]

Der Einwand, die Psychotherapie habe nicht zu trösten – auch dort nicht, wo sie (oder die Medizin überhaupt) nicht mehr heilen kann –, verfängt nicht; daß nicht nur

---

[1] A. Görres, in: Jahrbuch der Psychologie und Psychotherapie 6 (1958) S. 200.

die Heilung, sondern auch die Tröstung der Kranken in den Aufgabenbereich des Arztes fällt, geht nicht zuletzt hervor aus der Empfehlung der American Medical Association: »Der Arzt muß auch die Seele trösten. Das ist keinesfalls allein Aufgabe des Psychiaters. Es ist ganz einfach die Aufgabe jedes praktizierenden Arztes.« Ich bin überzeugt, die jahrtausendealten Worte des Jesaja: »Tröstet, tröstet mein Volk« gelten nicht nur auch heute noch, sondern sind auch an den Arzt adressiert.

Ist die Logotherapie in ihrer Praxis moralistisch? Sie ist es aus dem einfachen Grunde nicht, weil Sinn nicht rezeptiert werden kann. Der Arzt kann nicht dem Leben des Patienten Sinn geben. Sinn kann letztlich überhaupt nicht gegeben, sondern muß gefunden werden. Und zwar muß der Patient ihn selber und selbständig finden. Die Logotherapie befindet nicht über Sinn und Unsinn oder Wert und Unwert. Es war nicht die Logotherapie, sondern die Schlange, die im Paradies den Menschen versprach, sie würde sie machen zu Wesen »wie Gott, erkennend Gutes und Böses«.

Es ließe sich sogar nachweisen, daß andere Richtungen der Psychotherapie viel eher als die Logotherapie moralisieren. Ich verweise nur auf einen Aufsatz im International Journal of Psychoanalysis[2], in dem F. Gordon Pleune erklärt: »Der psychoanalytische Praktiker ist zunächst und zuvörderst ein Moralist. Er nimmt Einfluß auf das moralische und ethische Verhalten der Leute.« Und Freud selbst war es schließlich, der einmal »das Wirken des Psychotherapeuten beschreibt als ›das Wirken eines Lehrers, eines Aufklärers, eines Künders einer neueren und besseren Weltauffassung‹«[3]. Sogar die Behavior Therapy – die meines Erachtens eine sehr nüchterne Richtung darstellt, die erfreulicherweise zur Demythologisierung der Neurose (wie ich diesen Prozeß nennen möchte) beigetragen hat – ist nicht frei von moralistischen Aspirationen, so etwa, wenn

[2] 46 (1965) S. 358.
[3] A. Görres, in: Praxis der Psychotherapie 14 (1969) S. 184.

L. Krasner schreibt: »Es ist der Therapeut, der da zu entscheiden hat, was gut ist und was böse ist an menschlichem Verhalten«.[4]

Das vermag weder der Erzieher noch der Psychiater. Und die Moral im alten Sinne wird bald ausgespielt haben. Über kurz oder lang werden wir nämlich nicht mehr moralisieren, sondern die Moral ontologisieren – gut und böse werden nicht definiert werden im Sinne von etwas, was wir tun sollen beziehungsweise nicht tun dürfen, sondern gut wird uns dünken, was die Erfüllung des einem Seienden aufgetragenen und abverlangten Sinnes fördert – und für böse werden wir halten, was solche Sinnerfüllung hemmt.

Sinn kann nicht gegeben, sondern muß gefunden werden. Einer Rorschach-Tafel wird ein Sinn gegeben – eine Sinngebung, aufgrund deren Subjektivität sich das Subjekt des (projektiven) Rorschach-Tests »entlarvt«; aber im Leben geht es nicht um Sinngebung, sondern um Sinnfindung. Das Leben ist kein Rorschach-Test, sondern ein Vexierbild. Der Sinn des Lebens kann nicht erfunden, sondern muß entdeckt werden.

Niemand leugnet, daß der Mensch einen Sinn unter Umständen nicht verstehen kann, sondern deuten muß. Das heißt noch lange nicht, daß solches Deuten willkürlich vor sich geht. Gibt es doch auf jede Frage nur eine Antwort, nämlich die richtige, für jedes Problem nur eine Lösung, nämlich die gültige, und so denn auch in jeder Situation nur einen, nämlich den wahren Sinn. Eines Tages wurde ich in den USA während einer Diskussion nach einem meiner Vorträge mit einer schriftlich unterbreiteten Frage konfrontiert, die folgendermaßen lautete: »Wie wird in Ihrer Theorie 600 definiert?« Kaum hatte der Diskussionsleiter diesen Text durchgesehen, wollte er den Zettel, auf dem die Frage stand, auch schon beiseite legen, indem er, zu mir gewandt, bemerkte: »Unsinn – ›wie wird in Ihrer

---

[4] Zitiert nach D. Großmann, in: Psychotherapy 5 (1968) S. 53.

Theorie 600 definiert‹ ...« Woraufhin ich den Zettel zur
Hand nahm, ihn überflog und feststellte, daß sich der Diskussionsleiter – nebenbei bemerkt: von Beruf ein Theo-
loge – geirrt hatte; denn die Frage war in Blockbuchstaben
abgefaßt worden, und im englischen Original war »GOD«
von »600« mit knapper Mühe und Not zu unterscheiden.
Durch diese Zweideutigkeit kam es zu einem unfreiwilli-
gen projektiven Test, dessen Ergebnisse im Falle des Theologen und dem meiner selbst als eines Psychiaters immerhin paradox ausfielen. Jedenfalls ließ ich es mir nicht
nehmen, im Rahmen meiner Vorlesungen an der Universität Wien die Hörer aus den USA mit dem englischen
Originaltext zu konfrontieren, und es stellte sich heraus,
daß 9 Studenten »600« hinein- und 9 »GOD« herauslasen,
während 4 zwischen diesen Deutungen schwankten. Worauf ich hinauskommen möchte, ist jedoch das Faktum, daß
diese Deutungen nicht gleichwertig waren, vielmehr einzig und allein eine von ihnen verlangt und gefordert war:
gemeint hatte der Urheber der Frage einzig und allein
»Gott«, und verstanden hatte die Frage einzig und allein,
wer »Gott« heraus – (und eben nichts hinein –) gelesen
hatte!
Sinn muß gefunden, kann aber nicht erzeugt werden. Was
sich erzeugen läßt, ist entweder subjektiver Sinn, ein bloßes Sinngefühl oder – Unsinn. Und so ist es denn auch
verständlich, daß der Mensch, der nicht mehr imstande ist,
in seinem Leben Sinn zu finden, ebensowenig aber auch,
ihn zu erfinden, auf der Flucht vor dem um sich greifenden
Sinnlosigkeitsgefühl entweder Unsinn oder subjektiven
Sinn erzeugt: Während sich jenes auf der Bühne – Absur-
des Theater! – ereignet, geschieht dieses im Rausch, im
besonderen in dem durch LSD induzierten. In diesem
Rausch geschieht es aber auch auf die Gefahr hin, daß am
wahren Sinn, an den echten Aufgaben draußen in der
Welt (im Gegensatz zu den bloß subjektiven Sinnerlebnis-
sen in einem selbst) vorbeigelebt wird. Mich erinnert das
immer wieder an die Versuchstiere, denen kalifornische

Forscher Elektroden in den Hypothalamus verpflanzt haben. Wann immer der Strom geschlossen wurde, erlebten die Tiere Befriedigung, sei es des Geschlechtstriebs, sei es des Nahrungstriebs; schließlich lernten sie es, den Strom selber zu schließen, und ignorierten dann die realen Geschlechtspartner und das reale Futter, das ihnen angeboten wurde.

10. Das Sinn-Organ

Sinn muß aber nicht nur, sondern kann auch gefunden werden, und auf der Suche nach ihm leitet den Menschen das Gewissen. Mit einem Wort, das Gewissen ist ein Sinn-Organ. Es ließe sich definieren als die Fähigkeit, den einmaligen und einzigartigen Sinn, der in jeder Situation verborgen ist, aufzuspüren.

Was das Gewissen leistet, wann immer der unikale Sinn einer Situation gefunden wird, das läuft anscheinend auf ein Gestalterfassen hinaus, und zwar aufgrund dessen, was wir den Willen zum Sinn nennen, der wieder von James C. Crumbaugh und Leonard T. Maholick als die eigentlich menschliche Fähigkeit bezeichnet wird, Sinngestalten nicht nur im Wirklichen, sondern auch im Möglichen zu entdecken.[1]

Bemerkenswerterweise ist niemand geringerer als der Schöpfer der experimentellen Gestaltpsychologie, Wertheimer, kühn genug, um von den Forderungen der Situation als objektiven Qualitäten zu sprechen, und Lewin spricht vom »Aufforderungscharakter« der Situation. Im Sinne eines Understatements können wir ihn mit Rudolf Allers als trans-subjektiv bezeichnen. Aber Sinn bezieht sich nicht nur auf eine bestimmte Situation, sondern auch auf eine bestimmte Person, die in die bestimmte Situation verwickelt ist. Mit anderen Worten, Sinn wandelt sich nicht nur von Tag zu Tag und von Stunde zu Stunde, sondern wechselt auch von Mensch zu Mensch. Er ist Sinn ad situationem und nicht nur ad personam.

Das Gewissen kann den Menschen auch irreführen. Mehr noch: bis zum letzten Augenblick, bis zum letzten Atemzug weiß der Mensch nicht, ob er wirklich den Sinn seines

---

[1] J. C. Crumbaugh und L. T. Maholick, The Case of Frankl's »Will to Meaning«, in: Journal of Existential Psychiatry 4 (1963) S. 42.

Lebens erfüllt oder sich nicht vielmehr nur getäuscht hat: ignoramus et ignorabimus. Daß wir nicht einmal auf unserem Sterbebett wissen werden, ob das Sinn-Organ, unser Gewissen, nicht am Ende einer Sinn-Täuschung unterlegen ist, bedeutet aber auch schon, daß der eine nicht weiß, ob nicht das Gewissen des anderen recht gehabt haben mag. Das soll nicht heißen, daß es keine Wahrheit gibt. Es kann nur eine Wahrheit geben; aber niemand kann wissen, ob es er ist und nicht jemand anderer, der sie besitzt.

Während nun der Sinn an eine einmalige und einzigartige Situation gebunden ist, gibt es darüber hinaus Sinn-Universalien, die sich auf die condition humaine als solche beziehen, und diese umfassenden Sinnmöglichkeiten sind es, die Werte genannt werden. Die Erleichterung, die der Mensch erfährt von mehr oder weniger allgemein geltenden Werten, moralischen und ethischen Prinzipien, wie sie sich im Rahmen der menschlichen Gesellschaft im Laufe ihrer Geschichte herauskristallisieren – diese Erleichterung wird ihm um den Preis, daß er in Konflikte gestürzt wird. Eigentlich handelt es sich aber nicht um Gewissenskonflikte – solche gibt es in Wirklichkeit nicht; denn was einem das Gewissen sagt, ist eindeutig. Der Konfliktcharakter wohnt vielmehr den Werten inne, so zwar, daß im Gegensatz zum jeweils einmaligen und einzigartigen konkreten Sinn von Situationen Werte per definitionem abstrakte Sinn-Universalien sind. Als solche gelten sie nicht bloß für unverwechselbare Personen, die in unwiederholbare Situationen hineingestellt sind, vielmehr erstreckt sich ihre Geltung über weite Areale sich wiederholender, typischer Situationen, und diese Areale überschneiden sich. Es gibt also Situationen, in denen der Mensch vor eine Wertwahl gestellt ist, vor die Wahl zwischen einander widersprechenden Prinzipien. Soll dann die Wahl nicht willkürlich getroffen werden, so ist er wieder auf das Gewissen zurückgeworfen und angewiesen – auf das Gewissen, das allein es ausmacht, daß er frei, aber nicht willkürlich, sondern verantwortlich eine Entscheidung trifft. Gewiß ist er selbst gegenüber dem Gewissen noch frei; aber diese Freiheit besteht einzig und allein in der Wahl zwischen zwei Möglichkeiten, nämlich: auf das Gewissen zu hören oder dessen Warnung in den Wind zu schlagen. Wird das Gewissen systematisch und methodisch unterdrückt und erstickt, dann kommt es entweder zum westlichen Konformismus oder zum östlichen Totalitarismus – je nachdem, ob die von der Gesellschaft übertrieben verallgemeinerten »Werte« einem angeboten oder aber aufgezwungen werden.

Daß der Konfliktcharakter den Werten innewohnt, ist bei alledem nicht einmal so gesichert; denn die möglichen Überschneidungen zwischen den Geltungsbereichen von Werten könnten ja auch bloß scheinbare sein, indem sie durch eine Projektion, also durch einen Dimensionsverlust, zustande kommen. Erst dann nämlich, wenn wir die hierarchische Höhendifferenz zweier Werte ausklammern, scheinen sie sich zu überschneiden und im Bereich dieser Überschneidungen miteinander zu kollidieren – wie zwei

Abb. 2

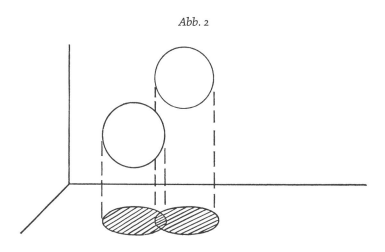

Aus: Viktor E. Frankl, The Will to Meaning, New York 1970, S. 57.

Kugeln, die aus dem dreidimensionalen Raum in die zweidimensionale Ebene hineinprojiziert werden, nur scheinbar einander durchdringen.

Wir leben im Zeitalter eines Sinnlosigkeitsgefühls. In diesem unserem Zeitalter muß es sich die Erziehung angelegen sein lassen, nicht nur Wissen zu vermitteln, sondern auch das Gewissen zu verfeinern, so daß der Mensch hellhörig genug ist, um die jeder einzelnen Situation innewohnende Forderung herauszuhören. In einem Zeitalter, in dem die Zehn Gebote für viele ihre Geltung zu verlieren scheinen, muß der Mensch instand gesetzt werden, die 10000 Gebote zu vernehmen, die in den 10000 Situationen verschlüsselt sind, mit denen sein Leben ihn konfrontiert. Dann wird ihm nicht nur eben dieses sein Leben wieder sinnvoll (und *sinnvoll* heißt voller *Aufgaben*) erscheinen, sondern er selbst wird dann auch immunisiert sein gegenüber Konformismus und Totalitarismus; denn ein waches Gewissen allein macht ihn »widerstands«-fähig, so daß er sich eben nicht dem Konformismus fügt und dem Totalitarismus beugt.

So oder so: mehr denn je ist Erziehung – Erziehung zur Verantwortung. Wir leben in einer Gesellschaft des Überflusses, aber dieser Überfluß ist nicht nur ein Überfluß an materiellen Gütern, er ist auch ein Informationsüberfluß, eine Informationsexplosion. Immer mehr Bücher und Zeitschriften stapeln sich auf unseren Schreibtischen. Wir werden von Reizen, nicht nur sexuellen, überflutet. Wenn der Mensch in dieser Reizüberflutung durch die Massenmedien bestehen will, muß er wissen, was wichtig ist und was nicht, was wesentlich ist und was nicht, mit einem Wort: was Sinn hat und was nicht.

11. Das präreflexive ontologische Selbst-Verständnis des Menschen

Je umfassender ein Sinn ist, um so weniger faßlich ist er. Der unendliche Sinn ist für ein endliches Wesen überhaupt nicht faßlich. Hier gibt die Wissenschaft auf, und die Weisheit hat das Wort, und zwar die Weisheit des Herzens, von dem Blaise Pascal einmal gesagt hat: »Le cœur a ses raisons, que la raison ne connaît point.« Auch der Psalmist spricht von einer sapientia cordis (Psalm 89). Wir können aber auch von einem präreflexiven ontologischen Selbst-Verständnis des Menschen sprechen. Erst eine methodisch saubere phänomenologische Analyse der Art und Weise, wie der schlichte und einfache Mensch, der »Mann von der Straße«, sich selbst versteht, würde auch uns beibringen, daß Menschsein heißt, ständig mit Situationen konfrontiert zu sein, von denen jede gleichzeitig Gabe und Aufgabe ist. Was sie uns »aufgibt«, ist die Erfüllung ihres Sinnes. Und was sie uns gleichzeitig »gibt«, ist die Möglichkeit, durch solche Sinnerfüllung uns selbst zu verwirklichen. Jede Situation ist ein Ruf, auf den wir zu horchen, dem wir zu gehorchen haben.
Eine phänomenologische Analyse des unmittelbaren, unverfälschten Erlebens, wie wir es vom schlichten und einfachen »Mann auf der Straße« erfahren können und nur noch in die wissenschaftliche Terminologie zu übersetzen brauchen, würde nämlich enthüllen, daß der Mensch nicht nur – kraft seines Willens zum Sinn – nach einem Sinn sucht, sondern daß er ihn auch findet, und zwar auf drei Wegen. Zunächst einmal sieht er einen Sinn darin, etwas zu tun oder zu schaffen. Darüber hinaus sieht er einen Sinn darin, etwas zu erleben, jemanden zu lieben; aber auch noch in einer hoffnungslosen Situation, der er hilflos

gegenübersteht, sieht er unter Umständen einen Sinn. Worauf es ankommt, ist die Haltung und Einstellung, mit der er einem unvermeidlichen und unabänderlichen Schicksal begegnet. Die Haltung und Einstellung gestattet ihm, Zeugnis abzulegen von etwas, wessen der Mensch allein fähig ist: das Leiden in eine Leistung umzugestalten. Ich möchte dies an Hand einer Briefstelle illustrieren. Ein Medizinstudent aus den Vereinigten Staaten schreibt mir: »Ringsum bin ich hier in Amerika umgeben von jungen Leuten meines Alters, aber auch von älteren Leuten, die verzweifelt nach einem Sinn ihres Daseins suchen. Einer meiner besten Freunde starb unlängst, weil er eben einen solchen Sinn nicht hatte finden können. Heute weiß ich, daß ich ihm sehr wohl hätte helfen können, dank der Logotherapie, wenn er noch am Leben wäre. Aber er ist es nun einmal nicht mehr. Sein Tod jedoch wird mir immer dazu dienen, all jenen beizustehen, die Not leiden. Ich glaube, einen tieferen Beweggrund kann es nicht geben. Trotz meiner Trauer um den Tod meines Freundes, trotz meiner Mitschuld an diesem seinem Tode ist sein Dasein – und sein Nicht-mehr-Sein! – ungemein sinnvoll. Wenn ich jemals die Stärke aufbringe, als Arzt zu arbeiten und meiner Verantwortung gewachsen zu sein, dann wird er nicht umsonst gestorben sein. Mehr als alles andere in der Welt will ich eines tun: verhüten, daß eine solche Tragödie nochmals geschieht – einem anderen geschehe.«
Es gibt keine Lebenssituation, die wirklich sinnlos wäre.[1]

---

[1] Wie Thomas D. Yarnell berichtet, konnte mit Hilfe des Purpose in Life Test festgestellt werden, daß weder 40 Angehörige der Luftwaffe noch 40 internierte Schizophrene auch nur die geringste Korrelation zwischen dem Gefühl, einen Sinn gefunden zu haben, und ihrem Alter beziehungsweise ihrem IQ erkennen ließen. Dies stimmt mit der Beobachtung von Crumbaugh überein, der zufolge der Purpose in Life Test auch mit dem Bildungsgrad nicht korreliere. Allem Anschein nach könne der Mensch im Leben einen Sinn finden unabhängig von Dingen wie Alter. IQ und Bildungsgrad, meint Yarnell abschließend. (Purpose in Life Test: Further Correlates. Journal of Individual Psychology

Dies ist darauf zurückzuführen, daß die scheinbar negativen Seiten menschlicher Existenz, insbesondere jene tragische Trias, zu der sich Leid, Schuld und Tod zusammenfügen, auch zu etwas Positivem, zu einer Leistung gestaltet werden können, wenn ihnen nur mit der rechten Haltung und Einstellung begegnet wird. Um all dies weiß der Mann auf der Straße, mag er auch noch so wenig imstande sein, es zu verbalisieren. Aus einem ursprünglichen Selbstverständnis heraus hält der Mann auf der Straße sich nicht, sagen wir, für einen Kriegsschauplatz, auf dem sich der Bürgerkrieg zwischen Ich, Es und Über-Ich abspielt; sondern für ihn ist das Leben eine Kette von Situationen, in die er hineingestellt ist, die er je nachdem so oder so zu meistern hat, die jeweils einen ganz bestimmten Sinn haben, der ihn allein angeht und in Anspruch nimmt. Und das ursprüngliche Selbstverständnis sagt ihm, daß er alles daransetzen muß, diesen Sinn herauszufinden und aufzuspüren. Die Phänomenologie übersetzt dieses Selbstverständnis nur in die wissenschaftliche Sprache; sie fällt keine Werturteile über irgendwelche Tatsachen, sondern macht Tatsachenfeststellungen über das Werterleben des Mannes auf der Straße. Die Logotherapie übersetzt dann das von der Phänomenologie erarbeitete Wissen um die Möglichkeiten, im Leben einen Sinn zu finden, wieder zurück in die Sprache des schlichten und einfachen Menschen, um auch ihn instand zu setzen, im Leben einen Sinn zu finden.

27, 76, 1972.) Analoge Ergebnisse zeitigte die auf Tests basierende Forschungsarbeit von Augustine Meier (»Frankl's ›Will to Meaning‹ as Measured by the Purpose in Life Test in Relation to Age and Sex Differences«, Dissertation, University of Ottawa, 1973), und zwar nicht nur in bezug auf den Bildungsgrad, sondern auch in bezug auf das männliche beziehungsweise weibliche Geschlecht und das Glaubensbeziehungsweise Unglaubens-Bekenntnis. Meier hält diese statistischen Ergebnisse für »compatible with Frankl's theory which states that all people are capable of finding meaningful goals around which to orientate their lives«.

Und dies ist sehr wohl möglich. In diesem Zusammenhang möchte ich den Fall einer Krankenschwester zitieren, die mir im Rahmen eines Seminars, das ich für das Department of Psychiatry an der Stanford University zu halten hatte, vorgestellt wurde: Diese Patientin litt an einem nicht operierbaren Krebs, und sie wußte darum. Weinend trat sie ins Zimmer, in dem die Stanford-Psychiater versammelt waren, und mit von Tränen erstickter Stimme sprach sie von ihrem Leben, von ihren begabten und erfolgreichen Kindern und davon, wie schwer es ihr nun falle, von alledem Abschied zu nehmen. Bis zu diesem Zeitpunkt hatte ich, offen gesagt, noch keinen Ansatzpunkt gefunden, um logotherapeutisches Gedankengut in die Diskussion zu werfen. Nunmehr ließ sich das in ihren Augen Negativste, daß sie das für sie Wertvollste in der Welt zurücklassen muß, in etwas Positives umsetzen, als etwas Sinnvolles verstehen und deuten: Ich brauchte sie nur zu fragen, was denn eine Frau sagen soll, die keine Kinder hätte. Ich sei zwar überzeugt, daß auch das Leben einer kinderlos gebliebenen Frau keineswegs sinnlos bleiben muß. Aber ich könnte mir sehr wohl vorstellen, daß eine solche Frau zunächst einmal verzweifelt, weil eben nichts und niemand da ist, den sie »in der Welt zurücklassen muß«, wenn es dazu kommt, von der Welt Abschied zu nehmen. In diesem Augenblick hellten sich die Züge der Patientin auf. Plötzlich war sie sich dessen bewußt, daß es nicht darauf ankommt, ob wir Abschied nehmen müssen, denn früher oder später muß es jeder von uns. Sehr wohl kommt es aber darauf an, ob überhaupt etwas existiert, von dem wir Abschied nehmen müssen. Etwas, das wir in der Welt zurücklassen können, mit dem wir einen Sinn und uns selbst erfüllen an dem Tag, an dem sich unsere Zeit erfüllt. Es läßt sich kaum beschreiben, wie erleichtert die Patientin war, nachdem das sokratische Gespräch zwischen uns eine kopernikanische Wendung genommen hatte.
Ich möchte nun dem logotherapeutischen Stil einer Inter-

vention den psychoanalytischen gegenüberstellen, wie er aus einer Arbeit von Edith Weißkopf-Joelson (einer amerikanischen Anhängerin der Psychoanalyse, die sich heute zur Logotherapie bekennt) hervorgeht: »Die demoralisierende Wirkung der Verleugnung eines Lebenssinns, vor allem des tiefen Sinnes, der potentiell dem Leiden innewohnt, läßt sich an Hand einer Psychotherapie illustrieren, die ein Freudianer einer Frau zuteil werden ließ, die an einem unheilbaren Krebs litt.« Und Weißkopf-Joelson läßt K. Eissler zu Wort kommen: »Sie verglich die Sinnfülle ihres früheren Lebens mit der Sinnlosigkeit der gegenwärtigen Phase; aber selbst jetzt, wo sie nicht mehr in ihrem Beruf arbeiten konnte und sich für viele Stunden am Tag hinlegen mußte, sei ihr Leben trotzdem sinnvoll, meinte sie, und zwar insofern, als ihr Dasein für ihre Kinder wichtig war und sie selber so eine Aufgabe zu erfüllen hatte. Wenn sie aber einmal ins Spital eingeliefert würde, ohne Aussicht, jemals nach Hause zurückkehren zu können, und nicht mehr fähig, das Bett zu verlassen, würde aus ihr ein Klumpen nutzlosen faulenden Fleisches werden und ihr Leben jeden Sinn verlieren. Zwar war sie bereit, alle Schmerzen so lange zu ertragen, als dies noch irgendwie sinnvoll wäre; aber wozu wollte ich sie dazu verurteilen, ihre Leiden zu einer Zeit zu erdulden, zu der das Leben längst keinen Sinn mehr hätte? Daraufhin erwiderte ich, daß sie meines Erachtens einen groben Fehler begehe; denn ihr *ganzes* Leben sei sinnlos und von jeher sinnlos *gewesen*, noch *bevor* sie jemals erkrankt wäre. Einen Sinn des Lebens zu finden, sagte ich, hätten die Philosophen noch immer vergeblich versucht, und so bestehe denn auch der Unterschied zwischen ihrem früheren und ihrem gegenwärtigen Leben einzig und allein darin, daß sie in dessen früherer Phase an einen Sinn des Lebens noch zu glauben vermochte, während sie in der gegenwärtigen Phase eben nicht mehr imstande war, es zu tun. In Wirklichkeit, schärfte ich ihr ein, seien *beide* Phasen ihres Lebens ganz und gar sinnlos gewesen. Auf diese Eröffnung hin reagierte die Patientin, indem sie ratlos war, mich nicht recht zu verstehen vorgab und in Tränen ausbrach.«[2]

Eissler gab der Patientin nicht etwa den Glauben, daß auch noch das Leiden einen Sinn haben kann, sondern er nahm ihr auch noch den Glauben, daß das ganze Leben auch nur den geringsten Sinn haben könnte. Fragen wir uns aber nicht nur, wie ein Psychoanalytiker, sondern auch, wie ein Verhaltenstherapeut Fällen von menschlicher Tragik wie dem bevorstehenden eigenen Tode oder dem Tode eines anderen gegenübertritt. Einer der repräsentativsten Vertreter der lerntheoretisch begründeten Verhaltensmodifikation läßt es uns wissen: In solchen Fällen »sollte der Patient telephonische Anrufe besorgen, auf der Wiese das Gras mähen oder Geschirr waschen, und diese Betätigungen sollten vom Therapeuten gelobt oder anderweitig belohnt werden«.[3]

Wenn ich im rechten, nämlich aufrechten Leiden noch eine letzte und doch die höchste Möglichkeit zur Sinnfindung sichtbar mache, dann leiste ich nicht erste, sondern letzte Hilfe. Ein Tonband, von dem ein Fragment wiedergegeben werden soll, hält ein Gespräch zwischen einer Patientin und mir fest – es wurde während einer meiner klinischen Vorlesungen aufgenommen. Ich sprach mit der Patientin vor meinen Hörern – Studenten der Medizin, Philosophie und Theologie. Es versteht sich von selbst, daß dieses Gespräch von A bis Z improvisiert wurde. Die Patientin war 80 Jahre alt und litt an einem Krebs, der nicht mehr zu operieren war.

Frankl: »Nun, liebe Frau Kotek, was halten Sie von Ihrem langen Leben heute, wenn Sie darauf zurückblicken? War es ein schönes Leben?«

Patientin: »Ach, Herr Professor, ich muß wirklich sagen, es war ein gutes Leben. Das Leben war so schön. Und ich muß

---

[2] K. Eissler, The Psychiatrist and the Dying Patient, New York 1955, S. 190f.
[3] J. Wolpe, in: American Journal of Psychotherapy 25 (1971) S. 362.

dem Herrgott danken für all das, was er mir geschenkt hat. Ich bin ins Theater gekommen. Ich habe Konzerte gehört. Wissen Sie, die Familie, in deren Haus ich in Prag gedient habe – soviel Jahrzehnte hindurch –, die hat mich manchmal mitgenommen in Konzerte. Und für all das Schöne muß ich nun meinem Herrgott danken.«

Aber ich mußte ihre unbewußte, verdrängte Verzweiflung ins Bewußtsein heben. Sie sollte mit ihr ringen, wie Jakob mit dem Engel gerungen hatte, bis der Engel ihn segnete. Ich mußte sie so weit bringen, daß sie ihr Leben segnen konnte, daß sie »ja« sagen konnte zu ihrem Schicksal, das sich nicht ändern ließ. Ich mußte sie – das klingt paradox – also dazu bringen, daß sie am Sinn ihres Lebens zunächst einmal zweifelte, und zwar auf bewußter Ebene und nicht, wie sie es sichtlich getan hatte, ihre Zweifel verdrängend.

Frankl: »Sie sprechen von so schönen Erlebnissen, Frau Kotek. Aber das wird doch nun alles aufhören?«

Patientin (nachdenklich): »Ja, das wird nun alles aufhören.«

Frankl: »Wie ist es nun, Frau Kotek, glauben Sie, daß damit all die schönen Dinge, die Sie erlebt haben, aus der Welt geschafft sind? Daß sie ungültig geworden – vernichtet sind?«

Patientin (noch immer nachdenklich): »Diese schönen Dinge, die ich erlebt habe ...«

Frankl: »Sagen Sie mir, Frau Kotek, kann irgend jemand das Glück ungeschehen machen, das Sie erlebt haben? Kann jemand das auslöschen?«

Patientin: »Sie haben recht, Herr Professor, niemand kann das ungeschehen machen.«

Frankl: »Kann jemand die Güte auslöschen, der Sie im Leben begegnet sind?«

Patientin: »Nein, auch das kann niemand.«

Frankl: »Kann jemand auslöschen, was Sie erreicht und errungen haben?«

Patientin: »Sie haben recht, Herr Professor, das kann niemand aus der Welt schaffen.«

Frankl: »Oder kann jemand aus der Welt schaffen, was

Sie tapfer und mutig durchgestanden haben? Kann jemand all das aus der Vergangenheit herausschaffen? Aus der Vergangenheit, in die Sie das alles hineingerettet, hineingeerntet haben? In der Sie es aufgespart und aufgestapelt haben?«

Patientin (jetzt zu Tränen gerührt): »Niemand kann das. Niemand!« (Nach einer Weile:) »Sicher, ich habe viel zu leiden gehabt. Aber ich habe auch versucht, die Schläge einzustecken, die das Leben mir versetzt hat. Verstehen Sie, Herr Professor, ich glaube, daß das Leiden eine Strafe ist. Ich glaube nämlich an Gott.«

Von mir aus hätte ich selbstredend niemals das Recht gehabt, die Sinndeutung in irgendeinem religiösen Sinne zu beleuchten und von der Kranken beurteilen zu lassen; sobald jedoch die positive religiöse Einstellung der Patientin zum Vorschein gekommen war, stand nichts mehr im Wege, sie als gegebenes Faktum auch in die Psychotherapie einzubauen.

Frankl: »Aber sagen Sie, Frau Kotek, kann das Leiden denn nicht auch eine Prüfung sein? Kann es denn nicht auch sein, daß Gott hat sehen wollen, wie die Frau Kotek das Leiden trägt? Und zum Schluß hat er vielleicht zugeben müssen: jawohl, sie hat es tapfer getragen. Und jetzt sagen Sie mir, was meinen Sie jetzt, kann jemand solche Leistungen ungeschehen machen?«

Patientin: »Nein, das kann niemand.«

Frankl: »Das bleibt doch, nicht wahr?«

Patientin: »Bestimmt: das bleibt!«

Frankl: »Wissen Sie, Frau Kotek, Sie haben nicht nur allerhand geleistet in Ihrem Leben, sondern auch aus Ihrem Leiden das Beste gemacht! Und Sie sind in dieser Hinsicht für unsere Patienten ein Vorbild. Ich gratuliere Ihren Mitpatienten, daß sie sich Sie zum Beispiel nehmen können!«

Die Hörer brechen in einen spontanen Applaus aus! Ich aber wende mich wieder der alten Frau zu: »Sehen Sie, Frau Kotek, dieser Applaus gilt Ihnen. Er gilt Ihrem Leben, das eine einzige große Leistung war. Sie können stolz sein auf dieses Leben. Und wie wenig Menschen gibt es, die stolz sein können auf ihr Leben! Ich möchte sagen, Frau Kotek: Ihr Leben ist ein Denkmal. Ein Denkmal, das kein Mensch aus der Welt schaffen kann!«

Langsam ging die alte Frau aus dem Hörsaal. Eine Woche später starb sie. Sie starb wie Hiob: satt an Jahren. Während ihrer letzten Lebenswoche aber war sie nicht mehr deprimiert. Im Gegenteil, sie war stolz und gläubig. Anscheinend hatte ich ihr zu zeigen vermocht, daß auch ihr Leben sinnvoll war, ja daß noch ihr Leiden einen tieferen Sinn hatte. Vorher war die alte Frau, wie gesagt, bedrückt von der Sorge, daß sie nur ein nutzloses Leben geführt habe. Ihre letzten Worte aber, wie sie in der Krankengeschichte eingetragen stehen, waren die folgenden: »Mein Leben ist ein Denkmal, hat der Professor gesagt. Zu den Studenten im Hörsaal. Mein Leben war also nicht umsonst...«

12. Der Mensch auf der Suche nach einem letzten Sinn[1]

Meine Damen und Herren, wenn ein Vortragender aus Wien kommt, dann erwarten Sie, daß er mit einem Wiener Akzent spricht – wie ich es auch tu'; und wenn er noch dazu ein Psychiater ist, dann erwarten Sie wohl, daß er sich zunächst einmal auf Sigmund Freud beziehen wird – so sei's denn: Wir alle haben von Freud gelernt, im Menschen ein Wesen zu sehen, das letzten Endes und im Grunde nur eines sucht, und das ist Lust. Schließlich war es Freud, der das Lustprinzip eingeführt hat, und die Ko-existenz eines Realitätsprinzips widerspricht keineswegs der Hypothese von Freud, derzufolge die Suche nach Lust die primäre Motivation des Menschen ausmacht; denn – wie Freud zu wiederholten Malen hervorhebt – das Realitätsprinzip steht insofern im Dienste des Lustprinzips, als es ja eine bloße »Modifikation« des Lustprinzips vorstellt, »die im Grunde *auch* Lust erzielen will«[2], und »in gewissem Sinne eine Fortsetzung des Lustprinzips mit anderen Mitteln bedeutet«[3] »Eine momentane, in ihren Folgen unsichere Lust wird aufgegeben, aber nur darum, um auf dem neuen Wege eine später kommende, gesicherte zu gewinnen«[4]. Nur daß wir bei alledem nicht übersehen und vergessen dürfen, daß das Lustprinzip – ebenfalls nach Freud – selber und seinerseits einem umfassenderen Prinzip dient, nämlich dem Homöostase-Prinzip

[1] Eine Audiokassette (Bestellnummer: L 19-186-85) dieser »Oskar Pfister Award Lecture«, die in englischer Sprache 1985 auf dem Annual Meeting der American Psychiatric Association in Dallas, Texas, unter dem Titel »Man in Search of Ultimate Meaning« gehalten wurde, wird von Audio Transcripts, 610 Madison Street, Alexandria, Virginia 22314, zum Verkauf angeboten (Preis: 10 US-Dollar).

[2] Gesammelte Werke XI, S. 370

[3] H. Hartmann, Ich-Psychologie und Anpassungsproblem, Psyche [1960]. 14 (1960), S. 81.

[4] S. Freud, Gesammelte Werke V, S. 415.

im Sinne von B. W. Cannon (The Wisdom of the Body, New York 1932), dessen Ziel es ist, innere Spannungen herabzusetzen, um das innere Gleichgewicht aufrechtzuerhalten beziehungsweise wiederherzustellen. So hat denn auch Freud »den seelischen Apparat« als etwas hingestellt, dessen »Absicht« darin bestehe, »die von außen und innen an ihn herantretenden Reizmengen und Erregungsgrößen zu bewältigen und zu erledigen.«[5]

Im Rahmen eines solchen Bildes vom Menschen fehlt jedoch nicht mehr und nicht weniger als jenes fundamentalontologische Charakteristikum menschlichen Daseins, das ich als die Selbst-Transzendenz der Existenz bezeichnen möchte. Womit gesagt sein soll, daß alles Menschsein über sich selbst auch schon hinausweist, indem es immer auf etwas verweist, das nicht wieder es selbst ist, auf etwas – oder auf jemand anderen! Mit anderen Worten, zutiefst und zuletzt ist der Mensch nicht interessiert an irgendwelchen inneren Zuständen, sei es Lust, sei es inneres Gleichgewicht, sondern er ist auf die Welt hin orientiert, auf die Welt da draußen, und innerhalb dieser Welt sucht er einen Sinn, den er zu erfüllen vermöchte, oder einen Menschen, den er lieben könnte. Und auf Grund eines prä-reflexiven ontologischen Selbstverständnisses weiß er auch irgendwie darum, daß er sich selbst genau in dem Maße verwirklicht, in dem er sich selbst *vergißt*, und sich selbst vergißt er wieder genau in dem Maße, in dem er sich hingibt, hingibt einer Sache, der er dient, oder einer Person, die er liebt.

Es ist aber so, daß auch die zweite der zwei klassischen Wiener Schulen der Psychotherapie – Alfred Adlers Individualpsychologie – die Selbst-Transzendenz der Existenz nicht in Rechnung stellt. Betrachtet sie doch den Menschen im Grunde als ein Wesen, das darauf aus ist, über einen bestimmten inneren Zustand, nämlich das Minderwertigkeitsgefühl, dadurch hinwegzukommen, daß es ein

---

[5] Gesammelte Werke XI, S. 370.

Streben nach Überlegenheit entwickelt – eine Motivation, die weitgehend kongruent ist mit dem von Nietzsche so benannten »Willen zur Macht«.

Solange sich nun eine Motivationstheorie um den »Willen zur Lust« dreht – wie wir nunmehr das Lustprinzip im Sinne von Freud umbenennen können –, oder aber um das Streben nach Überlegenheit im Sinne von Adler, handelt es sich um eine typische Tiefenpsychologie. Demgegenüber würde eine »Höhenpsychologie«[6] in ihr Menschenbild auch solche Strebungen einbeziehen, die »jenseits des Lustprinzips« und des Willens zur Macht anzusiedeln wären, und unter diesen Strebungen rangiert des Menschen Suche nach Sinn wohl an erster Stelle. Und in der Tat: Es war Oskar Pfister, der bereits – man denke! – im Jahre 1904 empfahl, in diese Richtung die Forschung zu steuern, wenn er meinte, »bedeutsamer [im Vergleich mit der Tiefenpsychologie] ist die Anerkennung jener geistigen Höhen der menschlichen Natur, die ebenso mächtig ist wie deren Tiefen«.

Die Höhenpsychologie sind kein Ersatz für die Tiefenpsychologie, vielmehr bleibt sie eine Ergänzung, wenn auch eine unabdingbare Ergänzung zur Tiefenpsychologie, und zwar insofern, als sie das den Menschen sosehr auszeichnende *Sinnbedürfnis* thematisiert – es ist, wenn man so will, das menschlichste aller menschlichen Bedürfnisse und läßt sich als solches den psychoanalytischen und individualpsychologischen Motivationstheorien mit den Worten »Wille zum Sinn«[7] gegenüberstellen.

Es ist nun gerade der Wille zum Sinn, der gegenwärtig weitgehend frustriert wird. In zunehmendem Maße bemächtigt sich des Menschen von heute ein Sinnlosigkeitsgefühl, das für gewöhnlich mit einem Gefühl der »inneren Leere« vergesellschaftet auftritt – es handelt sich um das von mir beschriebene und als solches bezeichnete »existen-

---

[6] Frankl, Zur geistigen Problematik der Psychotherapie, Zeitschrift für Psychotherapie 10 (1938) S. 33.
[7] Frankl, Der unbedingte Mensch, Wien 1949

tielle Vakuum«[8]. Hauptsächlich manifestiert es sich in Form von Langeweile und Gleichgültigkeit. Während in diesem Zusammenhang Langeweile einen Verlust an Interesse bedeutet – Interesse an der Welt –, bedeutet Gleichgültigkeit einen Mangel an ›Initiative – an der Initiative, in der Welt etwas zu verändern, etwas zu verbessern!

Soviel zur Phänomenologie des existentiellen Vakuums. Und wie steht es um dessen Epidemiologie? Vielleicht darf ich wahllos eine Passage herausgreifen, die sich in Irvin D. Yalom's »Existential Psychotherapy«[9] findet und folgendermaßen lautet: »Of forty consecutive patients applying for therapy at a psychiatric outpatient clinic, 30 percent had some major problem involving meaning as adjudged from selfratings, therapists, or independent judges.« Allein, ich glaube nicht, daß jeder einzelne Fall von Neurose (oder gar Psychose) auf das Sinnlosigkeitsgefühl zurückzuführen ist, und ebenso wenig glaube ich, daß umgekehrt das Sinnlosigkeitsgefühl in jedem einzelnen Falle zu einer Neurose führt. Mit anderen Worten, weder ist jede Neurose »noogen«[10], d. h., daß sie von einem existentiellen Vakuum herzuleiten wäre, noch ist das existentielle Vakuum in jedem Falle pathogen. Geschweige denn, daß es etwas Pathologisches wäre. Vielmehr halte ich dafür, daß es sozusagen ein Vorrecht des Menschen ist, nicht nur die Frage nach dem Sinn seines Lebens zu stellen, sondern auch diesen Sinn in Frage zu stellen. Oder hat jemals ein Tier nach dem Sinn seines Lebens gefragt? Doch nicht einmal eine der Graugänse von Konrad Lorenz.

Wenn auch nicht im Sinne einer noogenen oder psychogenen, so läßt sich das existentielle Vakuum sehr wohl im Sinne einer soziogenen Neurose auffassen. Ist doch die Industriegesellschaft unentwegt darauf aus, womöglich alle

---

[8] Frankl, Pathologie des Zeitgeistes, Wien 1955.

[9] New York 1980

[10] Frankl, Über Psychotherapie, in: Wiener Zeitschrift für Nervenheilkunde 3 (1951), S. 461

menschlichen Bedürfnisse zu befriedigen, und ihre Begleiterscheinung, die Konsumgesellschaft, ist sogar darauf aus, Bedürfnisse zu erzeugen, um sie dann befriedigen zu können. Nur das menschlichste aller menschlichen Bedürfnisse, das Sinn-Bedürfnis, geht bei alledem leer aus. Die Industrialisierung geht mit einer Urbanisierung einher und entwurzelt den Menschen, indem sie ihn den Traditionen und den durch die Traditionen vermittelten Werten entfremdet. Es versteht sich von selbst, daß unter solchen Umständen vor allem die junge Generation unter dem Sinnlosigkeitsgefühl zu leiden hat, wofür ja auch empirische Forschungsergebnisse sprechen. In diesem Zusammenhang möchte ich nur auf das massenneurotische Syndrom verweisen, das sich aus der Trias »addiction, aggression und depression« zusammensetzt und dem nachweislich das Sinnlosigkeitsgefühl zugrunde liegt. Um nur einen einzigen Gewährsmann zu zitieren: Stanley Krippner konnte nachweisen, daß von jungen Drogenabhängigen nicht weniger als 100 Prozent darunter litten, daß ihnen einfach alles sinnlos erschien.

Nun ist es aber auch an der Zeit, uns zu fragen, was wir überhaupt unter »Sinn« zu verstehen haben. Im Zusammenhang mit Logotherapie meint nun Sinn nichts Abstraktes, vielmehr handelt es sich um einen durchaus konkreten Sinn, nämlich den konkreten Sinn einer Situation, mit der eine ebenso konkrete Person jeweils konfrontiert wird. Was aber die Wahrnehmung solchen Sinnes anlangt, wäre zu sagen, daß sie einerseits mit einer Gestaltwahrnehmung im Sinne von Max Wertheimer und andererseits mit einem »Aha«-Erlebnis im Sinne von Karl Bühler etwas zu tun hat. Sprachen doch Kurt Lewin und Max Wertheimer[11] vom »Aufforderungscharakter« einer gegebenen Situation. Tatsächlich stellt jede Situation eine Forderung an uns, richtet sie eine Frage an uns – eine Frage, auf die wir eine Antwort

---

[11] Some Problems in the Theory of Ethics, in: M. Henle (Hrsg.), Documents of Gestalt Psychology, Berkeley 1961

geben, indem wir etwas unternehmen, so oder so, mit einem Wort, indem wir sie wie eine *Heraus-Forderung* annehmen. So läuft denn der Unterschied zwischen der Sinnwahrnehmung und der Gestaltwahrnehmung darauf hinaus, daß wir im letzteren Falle einer »Figur« auf deren Hintergrund gewahr werden, während im Laufe der Sinnwahrnehmung, wenn ich so sagen darf, auf dem Hintergrund der Wirklichkeit eine Möglichkeit aufleuchtet, um nicht zu sagen uns in die Augen springt, und zwar die Möglichkeit, die gegebene Situation so oder so zu gestalten.

Es versteht sich wohl von selbst, daß wir Psychiater nicht in der Lage sind, unseren Patienten den Sinn des Lebens zu »verordnen«. *Auf Rezept ist er nicht zu haben.* Was sehr wohl möglich ist, ist aber begreiflich zu machen, daß unser Leben *der Möglichkeit nach* unter allen Bedingungen und Umständen sinnvoll ist und es bis zuletzt bleibt. Nicht weniger als 20 Forscher konnten den empirischen Beweis dafür liefern, daß der Mensch fähig ist, in seinem Leben einen Sinn zu finden *grundsätzlich* unabhängig von seinem Geschlecht, von seinem Alter, von seinem IQ (Intelligenzquotient), von seiner Ausbildung, von seiner Charakterstruktur, von seiner Umwelt und – bemerkenswerterweise – unabhängig davon, ob er religiös ist oder nicht, und – *wenn* er religiös ist – unabhängig von der Konfession, der er angehören mag. Ich verweise nur auf die wissenschaftlichen Arbeiten von Brown, Casciani, Crumbaugh, Dansart, Durlac, Kratochvil, Lukas, Lunceford, Mason, Meier, Murphy, Planova, Popielski, Richmond, Roberts, Ruch, Sallee, Smith, Yarnell und Young.[12]

Diese wissenschaftlichen Forschungsergebnisse stehen in Widerspruch zu den Einflüsterungen des Sinnlosigkeitsgefühls; aber sie stehen in Einklang mit dem prä-reflexiven ontologischen Selbst- und Sinnverständnis des Menschen,

---

[12] Frankl, The Unconscious God (Psychotherapy and Theology), New York 1985

dessen phänomenologische Analyse uns einen Einblick gewährt in die Art und Weise, wie der schlichte und einfache »Mann von der Straße« es anstellt, im Leben einen Sinn zu finden – und auch zu erfüllen. Anscheinend weiß er darum, daß er auf drei Wegen an eine Sinnmöglichkeit herankommt, nämlich erstens durch eine Tat, die er setzt, oder ein Werk, das er schafft. Zweitens dadurch, daß er etwas erlebt – etwas oder jemanden, mit anderen Worten, daß er nicht nur in der Arbeit, sondern auch in der Liebe einen Sinn erfährt. Darüber hinaus scheint er aber auch darum zu wissen, daß es einen dritten *Weg zum Sinn* gibt: Wann immer wir mit einer Situation konfrontiert werden, die wir nicht ändern können, gibt es noch immer die Möglichkeit, unsere *Einstellung* zur Situation zu ändern – unsere Einstellung und uns selbst: indem wir reifen und wachsen, über uns selbst hinauswachsen. Und dies gilt gleichermaßen für die drei Komponenten jener »tragischen Trias«, die sich zusammensetzt aus Leid, Schuld und Tod, und zwar gilt sie es insofern, als sich Leid transformieren läßt in Leistung; Schuld in Wandlung; und die Vergänglichkeit menschlichen Daseins in einen Ansporn zu verantwortetem Tun (Frankl, Der leidende Mensch [Anthropologische Grundlagen der Psychotherapie], Bern 1984).

Wie der Mensch imstande ist, eine persönliche Tragödie in einen menschlichen Triumph umzusetzen, soll an Hand einer Geschichte exemplifiziert werden, die Bischof Georg Moser erzählt: Ein Arzt begegnete wenige Jahre nach dem Zweiten Weltkrieg einer jüdischen Frau, die ein Armband mit den in Gold gefaßten Milchzähnchen ihrer Kinder trug. »Ein schönes Armband«, bemerkte der Arzt. »Ja«, antwortete die Frau; »dieses Zähnchen ist von Miriam und das von Esther und das von Samuel...« Sie nannte dem Alter nach alle Namen ihrer Töchter und Söhne. »Neun Kinder«, fügte sie hinzu, »und alle sind in die Gaskammern geschleppt worden.« Bestürzt fragte der Arzt: »Wie können Sie nur mit einem solchen Armband leben?« Verhalten erwiderte die Frau: »Ich habe in Israel die Leitung eines Waisenhauses übernommen.«[13]

So zeigt sich denn, daß sich Sinn auch noch dem Leiden abringen läßt, und dies bedeutet wieder, daß der potentielle Sinn des Lebens ein bedingungsloser ist. Soll das nun heißen, Leiden sei notwendig, um Sinn zu finden? Das wäre ein grobes Mißverständnis. Was ich meine, ist keineswegs, daß Leiden notwendig ist, vielmehr will ich sagen, daß Sinn möglich ist trotz Leidens, um nicht zu sagen, durch ein Leiden – vorausgesetzt, daß das Leiden notwendig ist, das heißt, daß die Ursache des Leidens nicht behoben und beseitigt werden kann, sei es, daß es sich um eine biologische, psychologische oder soziologische Ursache handelt; wenn ein Karzinom operabel ist, dann wird der Patient selbstverständlich operiert werden; wenn ein Patient mit einer Neurose in unsere Ordination kommt, dann werden wir natürlich alles daransetzen, ihn von ihr zu befreien – und sollte es die Gesellschaft sein, die krank ist, so werden wir, sobald und solange es möglich ist, zu einer politischen Aktion schreiten. Ein Leiden, das nicht notwendig ist, würde auf Masochismus hinauslaufen, und nicht auf Heroismus.

Bereits eingangs war davon die Rede, daß – im Zusammenhang mit Logotherapie – Sinn den konkreten Sinn einer Situation meint, mit der eine ebenso konkrete Person jeweils konfrontiert wird. Darüber hinaus gibt es selbstverständlich auch einen letzten, einen umfassenden Sinn. Nur gilt: je umfassener der Sinn ist, um so weniger faßlich ist er auch. Es geht da um den Sinn des Ganzen, um den Sinn des Lebens als eines Ganzen, und ich kann mir nicht vorstellen, daß es eines Psychiaters, überhaupt eines Wissenschaftlers, würdig ist, von vornherein, aufgrund apriorischer Voraussetzungen, um nicht zu sagen ideologischer Indoktrinationen, auch nur die bloße Möglichkeit eines

---

[13] »Wie finde ich zum Sinn des Lebens?« Freiburg im Breisgau 1978, zitiert in: Frankl, Die Sinnfrage in der Psychotherapie, München 1985)

solchen (nicht unikalen, sondern) universalen Sinnes schlechtweg in Abrede zu stellen. Wie verhält sich nun der »konkrete Sinn einer Situation« zu diesem universalen Sinn? Ich möchte ein Gleichnis heranziehen: Denken wir doch nur an einen Film – er setzt sich aus Tausenden und Abertausenden von einzelnen Szenen zusammen, und jede einzelne trägt an den Zuschauer einen Sinn heran; aber der Sinn des ganzen Films dämmert uns erst gegen Ende der Vorstellung – vorausgesetzt, daß wir zunächst einmal auch den Sinn jeder einzelnen Szene »mitbekommen«! Und ergeht es uns im Leben nicht analog? Enthüllt sich uns der Sinn unseres Lebens, wofern überhaupt, nicht ebenfalls erst zuletzt? Und hängt dieser *End-Sinn* unseres Lebens nicht ebenfalls davon ab, ob wir zunächst einmal den Sinn jeder einzelnen Situation erfüllen, nach bestem Wissen und Gewissen?

Wir sind davon ausgegangen, daß sich der letzte Sinn zumindest einem intellektuellen Zugriff vollends entzieht; aber es mag legitim sein, uns auf eine Art von *Extrapolieren* einzulassen, und ich möchte Ihnen an Hand einer konkreten Begebenheit illustrieren, was ich im Sinne habe: Eines Tages stolpere ich in eine von meinem Assistenten Dr. K. veranstaltete gruppentherapeutische Sitzung hinein. Soeben bespricht die Gruppe den Fall einer Frau, der vor kurzem ihr 11jähriger Junge an einem Blinddarm-Durchbruch zugrunde gegangen war. Die Mutter hatte versucht, sich das Leben zu nehmen, und war daraufhin zu mir in die Klinik gebracht worden. Da schalte ich mich ein: »Stellen Sie sich einmal vor, einem Affen werden schmerzhafte Injektionen gegeben, um ein Serum gegen Poliomyelitis zu gewinnen. Vermöchte der Affe jemals zu begreifen, warum er leiden muß?« Stimmeneinhellig erwiderte die Gruppe, nie und nimmer wäre der Affe imstande, den Überlegungen des Menschen zu folgen, der ihn in seine Experimente einspannt; denn die menschliche Welt ist ihm nicht zugänglich. An sie reicht er nicht heran, in ihre Dimension langt er nicht hinein. Woraufhin wieder ich an der Reihe war:

»...und ergeht es dem Menschen anders, ist die Welt des Menschen eine Art Endstation, so daß es jenseits von ihr nichts mehr gäbe? Müssen wir nicht eher annehmen, daß die menschliche Welt selber und ihrerseits überhöht wird von einer nun wieder dem Menschen nicht zugänglichen Welt, in der allein erst der Sinn seines Leidens zu finden wäre?«[14] Wie der Zufall es wollte, rekrutierte sich die Gruppe aus Teilnehmern, die durchwegs irreligiös waren; aber durch die Bank gaben sie zu, daß eine solche im Verhältnis zur menschlichen Dimension höhere Dimension, wenn schon nicht *glaub-haft*, so doch zumindest *denk-bar* ist, und dem Menschen ebenso wenig zugänglich, wie dem Affen die menschliche Dimension.

Ist schon diese der menschlichen gegenüber höhere Dimension weder der »reinen Vernunft« noch dem reinen Verstand zugänglich, mit anderen Worten, weder rein rational faßlich noch rein intellektuell greifbar, so gilt dies erst recht für den wissenschaftlichen Zugriff. Und so findet sich im wissenschaftlichen Weltbild kein Platz für einen letzten Sinn. Soll das aber auch heißen, daß die Welt selbst sinnlos ist? Spricht das nicht eher dafür, daß – zumindest in bezug auf einen *letzten* Sinn – die Wissenschaft sinn-*blind* ist? Mit Recht sagt E. Schrödinger wörtlich, es mangle der Welt der Naturwissenschaft alles, was auf Sinn und Zweck des ganzen Geschehens Bezug hat. Innerhalb der Grenzen der bloßen Naturwissenschaft scheint Sinn eben nicht auf. Der Querschnitt, den die Naturwissenschaft durch die Realität hindurchführt, trifft ihn eben nicht.

Das Beispiel von Jacques Monod drängt sich uns auf. Behauptet er doch, daß alles Leben aus der Interaktion von Mutationen und Selektion entsteht. Die Idee des »reinen Zufalls« sei »die einzig wirklich denkbare, da sie die einzige ist, die mit den Fakten übereinstimmt, die uns Beobachtungen und Erfahrung zur Verfügung stellen. Und nichts rechtfertigt die Annahme, daß unsere diesbezüglichen Vorstel-

---

[14] Frankl, a.a.O

lungen jemals werden überdacht werden müssen oder auch nur überdacht werden können.«[15] Dazu wäre nun zu sagen: Selbstverständlich bilden sich Mutationen in der Schnittebene »Naturwissenschaft« als bloße Zufälle ab. Nur: wenn davon die Rede ist, daß die Naturwissenschaft keine Teleologie feststellen kann, dann sollte diese Leermeldung vorsichtiger formuliert werden: In der naturwissenschaftlichen Projektionsebene bildet sich Teleologie nicht ab, von dieser Schnittebene wird sie nun einmal nicht getroffen. Was aber noch lange nicht ausschließt, daß sie nicht in einer höheren Dimension existiert. Und sich für die Möglichkeit von Teleologie in einer über die Naturwissenschaft hinausliegenden Dimension nicht offenzuhalten, sondern diese Möglichkeit zu verleugnen, hat nichts mehr mit Empirie zu tun, sondern ist Philosophie, und zwar nicht kritisch reflektierte, sondern dilettantische, antiquierte Philosophie.

Nehmen wir an, eine Kurve liegt in einer vertikalen Ebene,

 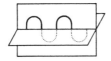 

die von einer horizontalen Ebene geschnitten wird. Was die Kurve in der Schnittebene hinterläßt, sind nichts als die Schnittpunkte, fünf isolierte Punkte, die einen Zusammenhang vermissen lassen. Aber sie tun es nur scheinbar. Nur scheinbar hängen sie nicht miteinander zusammen. Denn in Wirklichkeit werden sie von der Kurve miteinander verbunden. Die Verbindungen liegen aber nicht innerhalb, sondern außerhalb der horizontalen Ebene, nämlich oberhalb und unterhalb von ihr.

Übertragen wir nun, was wir aus dem Gleichnis lernen konnten, auf Ereignisse, die ebenfalls einen »sinnvollen« Zusammenhang vermissen lassen, sagen wir, auf die

[15] Newsweek, 26. April 1971.

scheinbar sinnlosen Mutationen, so läßt sich verstehen, warum sie – und mit ihnen die ganze Evolution – sich in der Schnittebene »Naturwissenschaft« als bloße Zufälle abbilden müssen, während der je nachdem »höhere« oder »tiefere« Sinn – nicht anders als die oberhalb beziehungsweise unterhalb der horizontalen Ebene liegende Kurve – erst in einer anderen Schnittebene zum Vorschein kommen kann. Um es zu pointieren: nicht alles läßt sich im Sinne sinnvoller Zusammenhänge, also teleologisch (beziehungsweise final) verstehen (sondern eben nur kausal erklären); aber zumindest können wir verstehen, warum dem so ist und sein muß, warum etwas scheinbar sinnlos ist und sein muß, und warum wir dennoch an einen Sinn glauben dürfen, der dahintersteckt, der darüber steht, wenn auch in einer anderen Schnittebene, in die hinein wir ihm eben zu folgen haben.[16]

Hier gibt das Wissen auf, und das Glauben hat das Wort; aber was *un-wiß-bar* ist, braucht nicht *un-glaub-lich* zu sein. Zwar ist es wie gesagt nicht möglich, rein intellektuell herauszubekommen, ob alles letzten Endes sinnlos ist, oder aber ob hinter allem ein verborgener Sinn steht; aber mag es da auch noch so wenig eine intellektuelle Antwort auf diese Frage geben, so ist ihr gegenüber noch immer eine existentielle Entscheidung möglich. Wo die Argumente für und gegen einen letzten Sinn einander die Waage halten, können wir noch immer das Gewicht unseres eigenen Seins in die Waagschale »pro« werfen, und das heißt eben, sich für die eine der zwei Denkmöglichkeiten entscheiden.[17] Angesichts der beiden Denkmöglichkeiten spricht der *sinn-gläu-*

[16] Frankl, a.a.O.

[17] »Nicht mehr aus einem logischen Gesetz heraus, nur mehr aus der Tiefe seines eigenen Seins heraus vermag der Mensch diese Entscheidung zu treffen, vermag er sich für das eine oder für das andere zu entschließen. Eines aber wissen wir: entschließt sich der Mensch für den Glauben an einen letzten Sinn, an den Über-Sinn des Seins, dann wird sich dieser Glaube, wie jeder Glaube, schöpferisch auswirken. Denn ... das Ergreifen der einen Denkmöglichkeit ist mehr als das bloße Ergreifen einer Denk-

bige Mensch sein »fiat«, sein »Amen«: »So sei es – ich
entscheide mich dafür, so zu handeln, ›als ob‹ das Leben
einen unendlichen, einen über unser endliches Fassungsvermögen hinausgehenden – einen ›Über-Sinn‹ hätte.« Und
unter der Hand kristallisiert eine regelrechte Definition.
»Der Glaube ist nicht ein Denken, vermindert um die
Realität des Gedachten, sondern ein Denken, vermehrt um
die Existentialität des Denkenden.« (Frankl, Der unbedingte Mensch, Wien 1949)
Und was tut, konfrontiert mit dem »Un-wiß-baren«, »der
Mann von der Straße« oder die Frau von der Straße? Vielleicht darf ich die Frage umformulieren: Sind Sie jemals auf
einer Bühne gestanden? Dann erinnern Sie sich doch daran,
daß sie – geblendet vom Rampenlicht – anstelle des Zu-
schauerraums nichts gesehen haben als ein großes schwar-
zes Loch[18]; aber es wäre Ihnen nicht eingefallen, an der
Anwesenheit von Zuschauern zu zweifeln – oder? Nun,
dasselbe gilt wohl für die Majorität der Bevölkerung auf
diesem unserem Planeten: Geblendet vom »Schein« der
Alltäglichkeit füllen sie das »große schwarze Loch« mit –
Symbolen. Der Mensch hat eben das Bedürfnis, ins Nichts,
vor dem er steht, etwas »hineinzusehen« – etwas oder
besser gesagt jemanden. Er hält es sozusagen mit dem
Existentialismus, der sich – so will mir scheinen – auf die
These reduzieren läßt: »Nothingness ist really no-thing-
ness.« (Nichts heißt eigentlich Nicht-ein-Ding-sein.) Das
heißt, ein letztes Sein – das Pedant zum »letzten Sinn« –,
mit einem Wort, Gott ist nicht ein Ding unter anderen,
sondern – um mit Martin Heidegger zu sprechen – »das Sein
selbst«. Und so können wir denn auch nicht dieses »Über-
Sein« (wenn ich so sagen darf), das irgendwie über die Welt
hinausliegt, mit den die Welt bevölkernden »in-der-Welt-
seienden« (Martin Heidegger), »innerweltlichen« Dingen

---

möglichkeit – es ist das Ver*wirklich*en einer bloßen Denk*möglich*keit.«
(Frankl, »...trotzdem Ja zum Leben sagen«, Wien 1946)
[18] Frankl, Die Existenzanalyse und die Probleme der Zeit, Wien 1947

auf eine Ebene stellen. Es wäre denn, wir riskieren, denselben Fehler zu begehen wie ein kleiner Junge, der mir einmal sagte, er wisse genau, was er werden wolle, nämlich »entweder Akrobat auf einem Trapez in einem Zirkus oder – Gott«. Er sprach von Gott, als ob Gott-sein ein Beruf unter anderen wäre.

Um nun auf das Symbol zurückzukommen: die Kluft, um nicht zu sagen der Abgrund, zwischen dem jeweils Symbolisierenden und dem jeweils zu Symbolisierenden macht sich am schmerzlichsten bemerkbar, wenn es um das Über-Sein geht. Und doch wäre es nicht gerechtfertigt, sich des Symbolisierens zu enthalten, darauf zu verzichten, nur weil das Symbol nie und nimmer koinzidieren kann mit dem von ihm Repräsentierten. Denken wir doch nur an ein Gemälde, das eine Landschaft abbildet, über ihr den Himmel: jeder Maler, zumindest jeder dem Realismus zugeneigte, wird uns den Himmel »sehen lassen«, indem er einfach ein paar Wolken malt; aber sind denn die Wolken nicht gerade etwas, das nichts weniger als identisch ist mit dem Himmel? Ist es denn nicht so, daß Wolken etwas sind, das – mögen sie uns auch noch sosehr den Himmel sozusagen ahnen lassen – ihn dem (direkten) Anblick entzieht? Und dennoch werden sie als bestes und einfachstes Symbol für den Himmel verwendet.

Und so wird denn im allgemeinen auch das Göttliche symbolisiert mit Hilfe von etwas, das es *nicht* ist: Die göttlichen Attribute sind und bleiben bloß *menschliche* Eigenschaften – wo nicht gar allzu menschliche Eigenschaften. Gott bleibt es nicht erspart, auf eine mehr oder weniger anthropomorphe Art und Weise symbolisiert zu werden. Sollten wir daraufhin das Recht haben, alles Religiöse aufgrund all der anthropomorphen Zutaten in Bausch und Bogen zu verwerfen? Ist es nicht vielmehr so, daß die (sowieso asymptotische) Annäherung an das Geheimnis und Rätsel der letzten Wahrheit eher auf dem symbolischen Wege als auf einem bloß abstrakten etwas hergibt? Konrad Lorenz – jawohl, Konrad Lorenz! – war es, der erst vor kurzem im Rahmen eines

Fernseh-Interviews wörtlich sagte: »Wenn Sie global den Wahrheitsgehalt einer Weltanschauung betrachten, den Wahrheitsgehalt der Hinterhuberbäuerin in Grünau und den Wahrheitsgehalt der Weltanschauung von B. F. Skinner, so kommen Sie drauf, daß die Bäuerin, die an die unbefleckte Empfängnis Mariens und an den lieben Gott und alle Heiligen glaubt, der Wahrheit näher ist als der Behaviorist.«[19]
Selbstverständlich warten Fallstricke auf uns, wenn wir uns *kritiklos* auf den Anthropomorphismus einlassen. Um es an Hand eines Witzes zu exemplifizieren: »In der Schule spricht der Religionslehrer von der Wundertätigkeit Gottes und erzählt: ›Es war einmal ein armer Mann; seine Frau starb im Wochenbett, und er selbst hatte nun nicht das Geld, um sich eine Amme zu leisten. Da tat Gott ein Wunder und ließ diesem armen Mann Brüste wachsen, so daß er den Säugling nunmehr selber stillen konnte.‹ Woraufhin sich der kleine Moritz meldete: ›Offen gesagt, Herr Lehrer, versteh' ich das nicht ganz. Wäre es denn nicht einfacher gewesen, wenn Gott es so gefügt hätte, daß dieser arme Mann – scheinbar zufällig – auf der Straße Geld findet? Dann hätte er sich eine Amme leisten können – und Gott hätte kein Wunder zu tun brauchen.‹ Daraufhin der Lehrer: ›Du dummer Bub! Wenn Gott ein Wunder tun kann, wird er doch kein Bargeld ausgeben!‹«[20]
So ergibt sich denn, daß sich die Religion sehr wohl als ein System von Symbolen definieren ließe – von Symbolen für etwas, das sich nicht mehr in Begriffen einfangen und dann in Worten ausdrücken läßt; aber ist nicht das Bedürfnis, Symbole zu prägen beziehungsweise zu gebrauchen, ein fundamentales Merkmal und Kennzeichen der *condition humaine*? Oder ist nicht die Fähigkeit zu sprechen beziehungsweise die Fähigkeit, das Gesprochene zu verstehen, ein konstitutives Charakteristikum des Menschseins? Es mag also durchaus legitim sein, die ein-

[19] Konrad Lorenz/Franz Kreuzer, Leben ist Lernen, München 1981
[20] Frankl, Der leidende Mensch, Bern 1984.

zelnen Sprachen, wie sie die Menschheit im Laufe ihrer Geschichte entwickelt hat, als je ein »System von Symbolen« zu definieren.

Bringen wir solcherart die Religion in Beziehung zur Sprache, so müssen wir auch darauf hinweisen, daß es niemandem zusteht, seine Muttersprache für eine allen anderen Sprachen *überlegene* Sprache auszugeben – in *jeder* Sprache kann der Mensch an die Wahrheit herankommen – an die eine Wahrheit –, und in jeder Sprache kann er auch irren, ja lügen. Und so kann er denn auch durch das Medium *jeder* Religion hindurch zu Gott finden – zu dem einen Gott.[21]

Wir haben es aber nicht nur mit einem linguistischen, sondern auch mit einem religiösen Pluralismus zu tun, so zwar, daß uns ja die Religion im allgemeinen nur in Form verschiedener Konfessionen gegenübertritt – Konfessionen, von denen wie gesagt nicht die eine den anderen gegenüber eine Überlegenheit beanspruchen darf. Aber könnte es denn nicht sein, daß der religiöse Pluralismus früher oder später überwunden wird, indem ein religiöser Universalismus an seine Stelle tritt? Ich glaube nicht an eine Art religiöses Esperanto. Im Gegenteil. Wir gehen nicht auf eine universale Religiosität zu, vielmehr auf eine personale – eine zutiefst personalisierte Religiosität, eine Religiosität, aus der heraus jeder zu seiner persönlichen, seiner eigenen, seiner ureigensten Sprache finden wird, wenn er sich an Gott wendet[22]? Gordon W. Allport betrachtet im besonderen den Hinduismus als »a rare instance of an institutional religion recognizing the ultimate individuality of the religious sentiment.«[23]

Soll das heißen, daß die einzelnen Konfessionen beziehungsweise ihre Organisationen und Institutionen dem Untergang entgegengehen? Ich glaube nicht; denn – so unterschiedlich die persönlichen Stile auch sein mögen, in

---

[21] Frankl, Das Leiden am sinnlosen Leben, Freiburg im Breisgau 1987
[22] Frankl, a.a.O.
[23] The Individual and His Religion, New York 1956

denen die Menschen ihre Suche nach einem letzten Sinn zum Ausdruck bringen und sich an ein letztes Sein wenden – immer gibt es, und wird es geben, gemeinsame Rituale und Symbole. Gibt es doch auch eine Vielzahl von Sprachen – und doch: gibt es nicht für viele unter ihnen ein gemeinsames Alphabet?

Zugegeben: diese unsere Auffassung von Religion – Religion im weitesten Sinne des Wortes – hat nur noch herzlich wenig zu tun mit konfessioneller Engstirnigkeit und deren Folge, religiöser Kurzsichtigkeit, die in Gott anscheinend ein Wesen sieht, das im Grunde nur auf eines aus ist, und das ist: daß eine möglichst große Zahl von Leuten an ihn glaubt, und überdies noch genau so, wie eine ganz bestimmte Konfession es vorschreibt. »Glaubt nur«, sagt man uns, »und alles wird okay sein.« Ich kann mir aber nicht vorstellen, daß es sinnvoll ist, wenn eine Kirche von mir *verlangt,* daß ich glaube. Ich kann doch nicht glauben *wollen* – ebensowenig wie ich lieben wollen, also zur Liebe mich zwingen kann, und ebensowenig, wie ich mich zur Hoffnung zwingen kann, nämlich gegen besseres Wissen. Es gibt nun einmal Dinge, die sich nicht wollen lassen – und die sich daher auch nicht auf Verlangen, auf Befehl herstellen lassen. Um ein einfaches Beispiel beizubringen: ich kann nicht auf Befehl lachen. Wenn jemand will, daß ich lache, dann muß er sich schon dazu bequemen, mir einen Witz zu erzählen. Analog verhält es sich aber auch mit der Liebe und dem Glauben; sie lassen sich nicht manipulieren. Als intentionale Phänomene, die sie sind, stellen sie sich vielmehr erst dann ein, wenn ein adäquater Inhalt und Gegenstand aufleuchtet.[24] Wollen Sie jemanden dazu bringen, daß er an Gott glaubt, dann müssen Sie ihm Gott glaubhaft (»believable«) – machen – und vor allem müssen auch Sie selbst glaubwürdig (»credible«) wirken. Mit anderen Worten, Sie müssen genau das Gegenteil davon tun, was von jenen Konfessionen getan wird, die anscheinend nichts

---

[24] Frankl, a.a.O.

anderes zu tun haben, als gegeneinander zu kämpfen und einander die Gläubigen abspenstig zu machen.

Sprach ich nicht von einer Religiosität, aus der heraus jeder zu seiner persönlichen Sprache findet, wenn er sich an Gott wendet? Tatsächlich gipfelt die Ich-Du-Beziehung, in der Martin Buber bekanntlich das Wesen der geistigen Existenz sieht, im Gebet, im besonderen in dessen dialogischer Struktur. Nur daß wir berücksichtigen müssen, daß es nicht nur ein inter-personales, sondern auch ein intra-personales Sprechen gibt, nämlich die Zwiesprache mit sich selbst, das Selbstgespräch. Und in diese Richtung vorstoßend habe ich in letzter Zeit wiederholt auf eine Definition zurückgegriffen, die ich – ich erinnere mich genau – bereits im Alter von 15 Jahren entwickelt hatte, die ich Ihnen aber nicht vorenthalten möchte, – eine Definition von Gott, und zwar eine operationale Definition; sie lautet: Gott ist der Partner unserer intimsten Selbstgespräche. Das heißt praktisch: Wann immer wir ganz allein sind mit uns selbst, wann immer wir in letzter Einsamkeit und in letzter Ehrlichkeit Zwiesprache halten mit uns selbst, ist es legitim, den Partner solcher Selbstgespräche Gott zu nennen – ungeachtet dessen, ob wir uns nun für atheistisch oder gläubig halten. Diese Differenzierung wird eben im Rahmen einer operationalen Definition irrelevant. Unsere Definition verbleibt im Vorfeld der Aufgabelung in die theistische beziehungsweise in die atheistische Weltanschauung. Eine Differenz macht sich erst bemerkbar, sobald das eine Lager darauf besteht, daß es sich eben um Selbstgespräche und nichts als Selbstgespräche handelt, während das andere Lager zu wissen glaubt, daß der Mensch – mag er sich nun dessen bewußt sein oder nicht – eben »Zwie«-Sprache hält mit jemandem, und zwar jemand anderem als seinem Selbst. Aber ist es denn wirklich so wichtig, ob die »letzte Einsamkeit« eine bloße Schein-Einsamkeit ist oder nicht? Ist nicht vielmehr das einzig Wichtige, daß sie eben die »letzte Ehrlichkeit« zustande bringt? Denn sollte es Gott geben, so bin ich sowieso davon überzeugt, daß er es nicht weiter übelnehmen wird, wenn ihn jemand mit dem eigenen »Selbst« verwechselt und ihn daraufhin einfach umbenennt. Die Frage ist nur, ob es wirkliche Atheisten überhaupt gibt. In einem meiner Bücher[25] habe ich auf Grund kasuistischen Materials Überlegungen angestellt, die dahin gehen, daß im Grunde, in der Tiefe des Unbewußten, eigentlich jeder von uns zumindest im weitesten Sinne des Wortes gläubig ist, mag dieser sein Glaube auch noch sosehr verdrängt und verschüttet worden sein. Und wenn Freud einmal meinte, der Mensch sei oft nicht nur viel unmoralischer als er glaubt, sondern auch viel moralischer als er denkt, dann könnten wir hinzufügen: mitunter mag er auch viel religiöser sein, als er zuzugeben bereit wäre. Eine solche Allgegenwart des Glaubens – und sei es auch nur im Unbewußten und im Sinne eines Glaubens an einen letzten Sinn – macht es wohl erklärlich, daß deklarierte Atheisten, wie sich empirisch nachweisen läßt, hinsichtlich der Fähigkeit, in ihrem Leben einen Sinn zu finden, hinter bewußt Gläubigen nicht zurückstehen.

Wen wundert es da, wenn sich herausstellt, daß die inhärente, wenn auch noch sowenig explizite Gläubigkeit imstande ist, äußeren wie inneren Bedingungen und Umständen über Erwarten zu trotzen. So nahmen sich meine Mitarbeiter die Mühe, einer auslesefreien Serie des innerhalb 48 Stunden anfallenden Krankenguts hinsichtlich der Korrelationen nachzugehen, die sich zwischen Vaterimago und religiösem Leben aufhellen lassen. Und merkwürdig: von den 23 unter einem guten pädagogischen Stern aufgewachsenen Personen fanden später nur 16 zu einem ebenso guten Verhältnis zu Gott, während 7 ihren Glauben aufgaben; unter den 13 aber, die unter den Auspizien einer negativen Vaterimago aufgezogen worden waren, fanden sich nur 2, die als irreligiös qualifiziert werden konnten, während sich nicht weniger als 11 zu einem gläubigen Leben durchgerungen hatten.[26]

---

[25] The Unconscious God (Psychotherapy and Theology, New York 1985
[26] Frankl, Der Wille zum Sinn, Bern 1982

Soviel zum Einfluß der Erziehung. Und wie steht es um den Einfluß der Umgebung? Auf Grund beruflicher Erfahrung und persönlicher Erlebnisse wage ich zu sagen, daß für die überwiegende Mehrheit gläubiger Konzentrationslager-Insassen Gott »nicht gestorben ist«, womit ich der Aussage eines amerikanischen Rabbiners entgegentrete, dessen Buch »After Auschwitz« uns das Gegenteil glauben machen will (er *war* ja nicht in Auschwitz). Wie ich es sehe, ist der Glaube an Gott entweder ein bedingungsloser, oder es handelt sich nicht um einen Glauben an Gott. Ist er bedingungslos, so wird er auch standhalten, wenn sechs Millionen dem Holokaust zum Opfer gefallen sind, und ist er nicht bedingungslos, so wird er – um mich der Argumentation von Dostojewski zu bedienen – angesichts eines einzigen unschuldigen Kindes, das im Sterben liegt, aufgeben; denn handeln können wir mit Gott nicht, wir können nicht sagen: Bis zu sechstausend oder von mir aus einer Million Holokaust-Opfer erhalte ich meinen Glauben an dich aufrecht; aber von einer Million aufwärts ist nichts zu machen, und – es tut mir leid – ich muß meinen Glauben an dich aufkündigen.

Die Fakten sprechen dafür, daß sich ein Aphorismus von La Rochefoucauld bezüglich der Auswirkung der Trennung auf die Liebe variieren läßt: Gleich dem kleinen Feuer, das vom Sturm gelöscht wird, während das große Feuer von ihm angefacht wird, wird der schwache Glaube von Katastrophen geschwächt, während der starke Glaube aus ihnen gestärkt hervorgeht.

Soviel zu den äußeren Umständen. Und wie steht es um die inneren Bedingungen, denen der Glaube zu trotzen imstande sein soll? In einem meiner Bücher[27] beschreibe ich den Fall einer schweren manischen Phase, in anderen Büchern von mir den Fall einer Endogenen Depression[28] und

---

[27] The Will to Meaning, New York 1988
[28] The Unconscious God (Psychotherapy and Theology), New York 1985

Fälle von Schizophrenie[29]– Fälle, in denen die Religiosität der Patienten nicht einmal von der Psychose affiziert werden konnte.

Meine Damen und Herren, nachdem ich Ihnen eine operationale Definition von Religion vor Augen geführt hatte, die so neutral ist, daß sie sogar Agnostizismus und Atheismus mit einbegreift, bin ich auch Psychiater geblieben, während ich mich mit der Religion auseinandersetzte, zumal ich sie ja als ein *menschliches* Phänomen betrachtet habe, ja, als Ausdruck des allermenschlichsten aller menschlichen Phänomene, nämlich des Willens zum Sinn. Religion läßt sich, in der Tat, definieren als Erfüllung eines »Willens zum *letzten* Sinn«.

Diese unsere Definition von Religion konfluiert mit einer, die wir Albert Einstein verdanken: »To be religious is to have found an answer to the question, What is the meaning of life?«[30] Und dann gibt es eine weitere Definition, die uns Ludwig Wittgenstein anbietet: »An Gott glauben heißt sehen, daß das Leben einen Sinn hat.«[31] Wie wir sehen, stimmen da der Physiker Einstein, der Philosoph Wittgenstein und der Psychiater Frankl mehr oder weniger miteinander überein.

Fragt sich nur, inwieweit die 3 Definitionen auch für den Theologen akzeptabel sind. Der Religiöse glaubt an einen Sinn des Lebens (Ludwig Wittgenstein); aber ist jemand, der an einen Sinn des Lebens glaubt, auch schon religiös (Albert Einstein)? So oder so: eine Antwort auf die Frage, ob nicht nur die These Wittgensteins gilt, sondern auch ihre von Einstein besorgte Umkehrung, kann nur vom Theologen verlangt und erwartet werden. Was wir Psychiater tun können – und tun müssen –, ist einzig und allein, den Dialog zwischen Religion und Psychiatrie in Gang halten – im

---

[29] Man's Search for Meaning, New York 1985, und The Will to Meaning, New York 1988
[30] Out of My Later Years, New York 1950.
[31] Tagebücher 1914–1916, Frankfurt a. M. 1960

Geiste einer gegenseitigen Toleranz, wie sie in einer Ära des Pluralismus und in der Arena der Medizin unabdingbar ist, aber auch im Geiste der gegenseitigen Toleranz, wie sie den denkwürdigen Briefwechsel zwischen Oskar Pfister und Sigmund Freud so eindrucksvoll durchpulst. Ich danke Ihnen für Ihre Aufmerksamkeit.

Zusammenfassung

Die Logotherapie hat es mit dem konkreten Sinn konkreter Situationen zu tun, in die jeweils eine konkrete Person hineingestellt ist. Die Logo-*Theorie* jedoch gibt sich nicht nur mit dem »Willen zum Sinn« im allgemeinen ab, sondern stößt auch auf einen Willen zu einem *letzten* Sinn. Im Rahmen einer phänomenologischen Analyse stellt sich nun heraus: *Je umfassender der Sinn ist, um so weniger faßlich ist er.* Wo es gar um den letzten Sinn geht, entzieht er sich zumindest einem bloß intellektuellen Zugriff vollends. Was un-wiß-bar ist, braucht aber nicht un-glaub-lich zu sein. Angesichts der Frage, ob alles einen, wenn auch verborgenen, Sinn hat oder aber die Welt ein einziger großer Unsinn ist, muß das Wissen das Feld räumen – es ist der Glaube, der da zu einer Entscheidung aufgerufen ist. Wo die Argumente, die für oder gegen einen letzten Sinn sprechen, einander die Waage halten, wirft der sinn-gläubige Mensch das ganze Gewicht seines Mensch-Seins, seiner Existenz, in die Waagschale und spricht sein »fiat«, sein »Amen«: »So sei es – ich entscheide mich dafür, so zu handeln, ›als ob‹ das Leben einen unendlichen, einen über unser endliches Fassungsvermögen hinausgehenden – einen ›Über-Sinn‹ hätte.« *Der Glaube ist nicht ein Denken, vermindert um die Realität des jeweils Gedachten, sondern ein Denken, vermehrt um die Existentialität des jeweils Denkenden.* Solches Denken ist jedoch allemal auf Symbole angewiesen, und die einzelnen Religionen beziehungsweise Konfessionen sind je ein *System von Symbolen*. Insofern gleichen sie den einzelnen Sprachen. In gewissem Sinne *sind* sie sogar Sprache. Nur daß wir berücksichtigen müssen, daß es nicht nur ein interpersonales, sondern auch ein intrapersonales Sprechen gibt, nämlich die Zwiesprache mit sich selbst, das Selbstgespräch. In diesem Zusammenhang habe ich in letzter Zeit wiederholt auf eine Definition zurückgegriffen, die ich bereits im Alter von 15 Jahren entwickelt hatte – eine operationale Definition, wenn ich so sagen darf, und sie lautet: *Gott ist der Partner unserer intimsten Selbstgespräche.* Wann immer wir ganz allein sind mit uns selbst, wann immer wir in letzter Einsamkeit und in letzter Ehrlichkeit Zwiesprache halten mit uns selbst, ist es legitim, den Partner solcher Selbstgespräche Gott zu nennen – ungeachtet dessen, ob wir uns nun für atheistisch oder gläubig halten. Diese Differenzierung wird eben im Rahmen einer operationalen Definition irrelevant. Unsere Definition verbleibt im Vorfeld der Aufgabelung in die theistische Beziehungsweise in die atheistische Weltanschauung. Eine Differenz macht sich erst bemerkbar, sobald das eine Lager darauf besteht, daß es sich eben um Selbstgespräche und nichts als Selbstgespräche handelt, während das andere Lager zu wissen glaubt, daß der Mensch – mag er sich nun dessen bewußt sein oder nicht – eben »Zwie«-Sprache hält mit jemandem, und zwar jemand anderem als seinem Selbst. Aber ist es denn wirklich so wichtig, ob die »letzte Einsamkeit« eine bloße Schein-Einsamkeit ist oder nicht? Ist nicht vielmehr das einzig Wichtige, daß sie die »letzte Ehrlichkeit« hervorbringt? Und sollte es Gott geben, so bin ich sowieso überzeugt, daß er es nicht weiter übelnimmt, wenn ihn jemand mit seinem Selbst verwechselt.

Auswahl aus dem Schrifttum über Logotherapie

Zusammengestellt von Prof. Dr. Eugenio Fizzotti
und Doz. Dr. Franz Vesely

Vollständig ist die Bibliographie nur hinsichtlich der Sparten I
(Bücher) und III (Dissertationen). Eine *ausführliche* deutsche und
eine *englische* Bibliographie sind durch das Institut für Logotherapie c/o DDr. Alfried Längle, Eduard Sueß-Gasse 10, A-1150 Wien,
zu beziehen.

I. Bücher

Bazzi, Tullio, und Eugenio Fizzotti: Guida alla logoterapia. Per una
    psicoterapia riumanizzata. Citta Nuova Editrice, Roma 1986.
Böckmann, Walter: Sinn-orientierte Leistungsmotivation und
    Mitarbeiterführung. Ein Beitrag der Humanistischen Psycholo-
    gie, insbesondere der Logotherapie nach Viktor E. Frankl, zum
    Sinn-Problem der Arbeit. Enke, Stuttgart 1980.
–: Heilen zwischen Magie und Maschinenzeitalter. Ein Beitrag der
    Humanistischen Psychologie, insbesondere der Logotherapie
    nach Viktor E. Frankl, zum Phaenomen des Heilens. littera
    produktion bielefeld 1981.
Boesch, Detmar: Friedenspädagogik im Unterricht. Theorie und
    Praxis der Logotherapie Viktor E. Frankls und ihre Bedeutung
    für unterrichtliches Planen und Handeln. Universität Olden-
    burg (Zentrum für psychologische Berufspraxis), Oldenburg
    1982.
Boeschemeyer, Uwe: Die Sinnfrage in Psychotherapie und Theolo-
    gie. Die Existenzanalyse und Logotherapie Viktor E. Frankls aus
    theologischer Sicht. Walter de Gruyter, Berlin–New York 1977.
Bulka, Reuven, P.: The Quest for Ultimate Meaning. Principles
    and Applications of Logotherapy. With a Foreword by Victor
    E. Frankl. Philosophical Library, New York 1979.
–: Joseph B. Fabry und William S. Sahakian: Logotherapy in Ac-
    tion. Foreword by Viktor E. Frankl. Aronson, New York 1979.
Caponnetto, Mario: La voluntad de sentido en la Lagoterapia de
    Viktor Frankl. Estudio critico. Instituto de Ciencias sociales,
    Buenos Aires 1985, und Ediciones Gladius, Buenos Aires 1984
    (2., erweiterte Auflage).

Crumbaugh, James C.: Everything to Gain. A Guide to Self-fulfillment. Through Logoanalysis. Nelson-Hall, Chicago 1973.

Crumbaugh, James C., William M. Wood und W. Chadwick Wood: Logotherapy. New Help for Problem Drinkers. Foreword by Victor E. Frankl. Nelson-Hall, Chicago 1980.

Dienelt, Karl: Erziehung zur Verantwortlichkeit. Die Existenzanalyse V. E. Frankls und ihre Bedeutung für die Erziehung. Österreichischer Bundesverlag, Wien 1955.

–: Von Freud zu Frankl. Österreichischer Bundesverlag, Wien 1967.

–: Von der Psychoanalyse zur Logotherapie. Uni-Taschenbücher 227, Ernst Reinhardt, München–Basel 1973.

–: Opvoeding tot verantwoordlijkeit. Gezien vanuit de existenzanalyze van V. E. Frankl. Pax, 's-Gravenhage 1962.

–: Dybdepsykologi og pedagogikk. Fra Freud til Frankl. Fabritius & Sonners Forlag, Oslo 1970.

Doering, Dieter: Die Logotherapie Viktor Emil Frankls. Forschungsstelle des Instituts für Geschichte der Medizin der Universität, Köln 1981.

Fabry, Joseph B.: Das Ringen um Sinn. Eine Einführung in die Logotherapie. Herder, Freiburg im Breisgau, 3 Auflagen, 1973–1980.

–: The Pursuit of Meaning. Viktor E. Frankl, Logotherapy and Life. Preface by Viktor E. Frankl. Harper & Row, New York, 6 Auflagen, 1968 bis 1980.

–: Introduzione alla logoterapia. Astrolabio, Roma 1970.

–: La busqueda de significado. La logoterapia aplicada a la vida. Prologo de Viktor E. Frankl. Fondo de Cultura Economica, Mexiko, 3 Auflagen, 1977–1984.

–: Frankl's Logotherapy (japanisch). Ushio Shuppan, Tokyo 1976.

–: Geef zin aan je leven. Werken met Frankl's logotherapie. Lemniscaat, Rotterdam 1980.

–: Logotherapeia. Eptalophos, Athen 1981.

–: The Pursuit of Meaning. Viktor Frankl, Logotherapy and Life (hebräisch). Sifirat Poalim Publishing House, Tel Aviv 1983.

–: A busca do significado. Viktor Frankl – logoterapia e vida. Editora Cultura Espiritual, Sao Paulo 1984.

Fizzotti, Eugenio: La logoterapia di Frankl. Un antidoto alla disumanizzazione psicanalitica. Rizzoli Editore, Milano 1974.

–: Da Freud a Frankl. Interrogantes sobre el vacio existencial. Ediciones Universidad de Navarra, Pamplona, 2 Auflagen, 1978–1981.

–: Angoscia e personalita. L'antropologia in Victor E. Frankl. Edizioni Dehoniane, Napoli 1980.

Frankl Viktor E.: Ärztliche Seelsorge. Grundlagen der Logotherapie und Existenzanalyse. Franz Deuticke, Wien, und Fischer
(Taschenbuch 42302 Frankfurt am Main, 14 Auflagen,
1946–1987.

–: Ein Psychologe erlebt das Konzentrationslager. Verlag für Ju-
gend und Volk, 2 Auflagen, Wien 1946–1947 (vergriffen).

–: ... trotzdem Ja zum Leben sagen. Drei Vorträge. Franz Deuticke,
2 Auflagen, Wien 1946–1947 (vergriffen). (Eine Ausgabe erschien in Brailleschem Blindendruck.)

–: Die Existenzanalyse und die Probleme der Zeit. Amandus-
Verlag, Wien 1947 (vergriffen).

–: Zeit und Verantwortung. Franz Deuticke, Wien 1947 (vergriffen).

–: Die Psychotherapie in der Praxis. Eine kasuistische Einführung
für Ärzte. Franz Deuticke, Wien, und Serie Piper 475, München,
5 Auflagen, 1947–1986.

–: Der unbewußte Gott. Psychotherapie und Religion. Kösel-Verlag, München, 6 Auflagen 1948–1985.

–: Der unbedingte Mensch. Metaklinische Vorlesungen. Franz
Deuticke, Wien 1949 (vergriffen).

–: Homo patiens. Versuch einer Pathodizee. Franz Deuticke, Wien
1950 (vergriffen).

–: Logos und Existenz. Drei Vorträge. Amandus-Verlag, Wien 1951
(vergriffen).

–: Die Psychotherapie im Alltag. Sieben Radiovorträge. Psyche,
Berlin-Zehlendorf 1952 (vergriffen).

–: Pathologie des Zeitgeistes. Rundfunkvorträge über Seelenheilkunde. Franz Deuticke, Wien 1955 (vergriffen).

–: Theorie und Therapie der Neurosen. Einführung in Logotherapie und Existenzanalyse. Uni-Taschenbücher 457, Ernst Reinhardt, München–Basel, 6 Auflagen, 1956–1987.

–: Das Menschenbild der Seelenheilkunde. Drei Vorlesungen zur
Kritik des dynamischen Psychologismus. Hippokrates-Verlag,
Stuttgart 1959.

–: Psychotherapie für den Laien. Rundfunkvorträge über Seelenheilkunde. Herder, Freiburg im Breisgau, 12 Auflagen,
1971–1986 (Psychotherapie für jedermann).

–: Der Wille zum Sinn. Ausgewählte Vorträge über Logotherapie.
Hans Huber, Bern–Stuttgart–Wien, 3 Auflagen, 1972–1982.

–: Der Mensch auf der Suche nach Sinn. Zur Rehumanisierung der
Psychotherapie. Herder, Freiburg im Breisgau, 8 Auflagen,
1972–1977 (vergriffen).

–: Der leidende Mensch. Anthropologische Grundlagen der Psychotherapie. Hans Huber, Bern–Stuttgart–Toronto, 2 Auflagen, 1975–1984.

Frankl Viktor E.: Das Leiden am sinnlosen Leben. Psychotherapie für heute. Herder, Freiburg im Breisgau, 10 Auflagen, 1977–1987.

–: ... trotzdem Ja zum Leben sagen. Ein Psychologe erlebt das Konzentrationslager. Kösel-Verlag und dtv 10023, München, 13 Auflagen, 1977–1988 (eine Sonderausgabe für den Deutschunterricht an japanischen Schulen erschien in Tokyo, Doga Kusha Verlag).

–: Der Mensch vor der Frage nach dem Sinn. Eine Auswahl aus dem Gesamtwerk. Vorwort von Konrad Lorenz. Serie Piper 289, München, 6 Auflagen, 1979–1988.

–: Die Sinnfrage in der Psychotherapie. Vorwort von Franz Kreuzer. Serie Piper 214, München, 2 Auflagen, 1981–1985.

–: Logotherapie und Existenzanalyse. Texte aus fünf Jahrzehnten. Piper, München 1987.

–: The Doctor and the Soul. From Psychotherapy to Logotherapy. Alfred A. Knopf, New York, und Souvenir Press, London, 26 Auflagen, 1955–1986.

–: From Death-Camp to Existentialism. A Psychiatrist's Path to a New Therapy. Beacon Press, Boston, 4 Auflagen, 1959–1962 (vergriffen).

–: Man's Search for Meaning. An Introduction to Logotherapy. Simon and Schuster, New York, Hodder and Stoughton, London, Caves Book Co., Taipei Taiwan China, und Allahabad Saint Paul Society, India, 73 Auflagen, 1963–1987 (a revised edition of From Death-Camp to Existentialism).

–: Psychotherapy and Existentialism. Selected Papers on Logotherapy. Simon and Schuster, New York, und Souvenir Press, London, 12 Auflagen, 1967–1985.

–: The Will to Meaning. Foundations and Applications of Logotherapy. New American Library, New York, London und Scarborough, 10 Auflagen, 1969–1987.

–: The Unconscious God. Psychotherapy and Theology. Simon and Schuster, New York, und Hodder and Stoughton, London, 9 Auflagen, 1975–1985.

–: The Unheard Cry for Meaning. Psychotherapy and Humanism. Simon and Schuster, New York, und Hodder and Stoughton, London, 8 Auflagen, 1978–1985.

–: Psicoanalisis y existencialismo. Fondo de Cultura Economica, Mexico-Buenos Aires, 7 Auflagen, 1950–1982.

–: Un psicologo en el campo de concentracion. Editorial Plantin, Buenos Aires 1955.

–: La psicoterapia en la practica medica. Editorial Escuela, Buenos Aires, 2 Auflagen, 1955–1966.

Frankl Viktor E.: El Dios inconsciente. Editorial Escuela, Buenos Aires, 2 Auflagen, 1955–1966.

–: El hombre incondicionado. Editorial Plantin, Buenos Aires 1955.

–: Homo patiens. Intento de una patodicea. Editorial Plantin, Buenos Aires 1955.

Teoria y terapia de las neurosis. Editorial Gredos, Madrid, und Jose Ferrer, Buenos Aires 1964.

–: La idea psicologica del hombre. Ediciones Rialp, Madrid, 4 Auflagen, 1965–1984.

–: La presencia ignorada de Dios. Psicoterapia y religion. Editorial Herder, Barcelona, 7 Auflagen, 1977–1988.

–: El hombre en busca de sentido. Editorial Herder, Barcelona, 9 Auflagen, 1980–1988.

–: Ante el vacio existencial. Hacia una humanizacion de la psicoterapia. Editorial Herder, Barcelona, 5 Auflagen, 1980–1987.

–: Psicoterapia y Humanismo. Tiene un sentido la vida? Fondo de Cultura Economica, Mexico-Madrid-Buenos Aires, 3 Auflagen, 1982–1987.

–: La psicoterapia al alcance de todos. Conferencias radiofonicas sobre terapeutica psiquica. Editorial Herder, 2 Auflagen, Barcelona 1983–1985.

–: El hombre doliente. Fundamentos antropologicos de la psicoterapia. Editorial Herder, Barcelona 1987.

–: Logoterapia e analisi esistenziale. Editrice Morcelliana. Brescia, 4 Auflagen, 1953–1977.

–: Psicoterapia nella pratica medica. C. E. Giunti, Firenze, 4 Auflagen, 1953–1974.

–: Teoria e terapia nella pratica medica. C. E. Giunti, Firenze, 4 Auflagen, 1953–1974.

–: Uno psicologo nei lager. Edizioni Ares, Milano, 5 Auflagen, 1967–1987.

–: Homo patiens. Interpretazione umanistica della sofferenza. Edizione O. A. R. I., Varese, 2 Auflagen, 1972–1979.

–: Alla ricerca di un significato della vita. I fondamenti spiritualisti della logoterapia. Mursia, Milano, 2 Auflagen, 1974–1980.

–: Dio nell'inconscio. Psicoterapia e religione. Editrice Morcelliana, Brescia, 2 Auflagen, 1975–1977.

–: Fondamenti e applicazioni della logoterapia. Societa Editrice Internazionale, Torino 1977.

–: La sofferenza di una vita senza senso. Psicoterapia per l'uomo d'oggi. Elle Di Ci, Leumann (Torino) 1978.

–: Un significato per l'esistenza. Psicoterapia e umanismo. Citta Nuova Editrice, Roma 1983.

Frankl Viktor E.: Psicoterapia per tutti. Conversazioni radiofoniche sulla psichiatria. Edizioni Paoline, Torino, 2 Auflagen, 1985–1986.

–: Yoru to kiri. Misuzu shobo, Tokyo, 2 Auflagen, 1956–1961.

–: Shi to ai. Zitsuzonbunseki nyumon. Misuzu Shobo, Tokyo, 2 Auflagen, 1957–1961.

–: Shinri ryoho-no 26 sho. Misuzu Shobo, Tokyo, 2 Auflagen, 1957–1961.

–: Theorie und Therapie der Neurosen (japanisch). Misuzu Shobo, Tokyo 1961.

–: Das Menschenbild der Seelenheilkunde (japanisch). Misuzu Shobo, Tokyo 1961.

–: Der unbewußte Gott (japanisch). Misuzu Shobo, Tokyo 1962.

–: Kuno no sonzairon. Shinsen-sha, Tokyo 1972.

–: Logos und Existenz (japanisch). Misuzu Shobo, Tokyo 1962.

–: Gendaijin no yamai (japanisch) (Psychotherapy and Existentialism). Maruzen, Tokyo, 3 Auflagen, 1972–1977.

–: The Will to Meaning (japanisch). Brein Shuppan, Tokyo 1979.

–: Ikigai soshitsu no nayami (Gendai no seishin ryoho). Enderle Shoten, Tokyo 1982.

–: Medische zielzorg. Inleiding tot logotherapie en existentieanalyse. Uitgeverij Erven J. Bijleveld, Utrecht 1959.

–: De onbewuste god. Uitgeverij »Helmond«, Helmond o. J.

–: Overspannen? Ziekten van de tijdgeest en hun genezing. Uitgeverij »Helmond«, Helmond o. J.

–: De zin van het bestaan. Een inleiding tot logotherapie. Donker, Rotterdam, 2 Auflagen, 1978–1980.

–: De wil zinvol te leven. Logotherapie als hulp in deze tijd. Lemniscaat, Rotterdam 1980.

–: Heeft het leven zin? Een moderne Psychotherapie. Donker, Rotterdam 1981.

–: De vergeefse roep om een zinvol bestaan. (The Unheard Cry for Meaning.) Meulenhoff, Amsterdam 1981.

–: Livet har mening. Svenska Kyrkans Diakonistyreles Bokfoerlaget, Stockholm, 2 Auflagen, 1959–1960.

–: Den omedvetne guden. Bokfoerlaget Medborgarskolan, Uppsala 1959.

–: Livet maste ha mening. Natur och Kultur, Stockholm, 8 Auflagen, 1968–1986.

–: Viljan till mening. Natur och Kultur, Stockholm, 3 Auflagen, 1970–1986.

–: Gud och det omedvetna. Psykoterapi och religion. Natur och Kultur, Stockholm 1987.

Frankl Viktor E.: Um psicologo no campo de concetracao. Editorial Aster, Lisboa o. J.

–: O homem incondicionado. Armenio Amado, Coimbra 1968.

–: Psicoterapia e sentido da vida. Fundamentos da Logoterapia e analise existencial. Editora Quadrante, Sao Paulo, 2 Auflagen, 1973–1986.

–: A psicoterapia na pratica. Editora Pedagogica e Universitaria, Sao Paulo 1976.

–: Fundamentos antropologicos da psicoterapia. Zahar Editores, Rio de Janeiro 1978.

–: A presenca ignorada de Deus. Sulina, Porto Alegre, Sinodal, Sao Leopoldo, und Imago, Rio de Janeiro, 1985.

–: Em Busca de Sentido. Um Psicologo no Campo de Concentracao. Editora Sinodal, Sao Leopoldo, und Editora Sulina, Porto Alegre, 1987.

–: Psycholog w obozie koncentracyjnym. »Pax«, Warschau 1962.

–: Homo patiens. Instytut Wydawniczy »Pax«, Warschau, 3 Auflagen, 1971–1984.

–: Nieuswiadomiony Bog. Instytut Wydawniczy »Pax«, Warschau 1978.

–: Psychoterapia dla kazdego. Instytut Wydawniczy »Pax«, Warschau 1978.

–: Livet har mening. Tanum-Norli, Oslo, 3 Auflagen, 1965–1983.

–: Kjempende livstro. Gyldendal Norsk Forlag, Oslo, 3 Auflagen, 1971–1975.

–: Psykoterapie og eksistens. Gyldendal Norsk Forlag, Oslo 1972.

–: Un psychiatre deporte temoigne. Preface de Gabriel Marcel. Editions du Chalet, Lyon, 2 Auflagen, 1967–1973.

–: La psychotherapie et son image de l'homme. Editions Resma, Paris, 2 Auflagen, 1970–1974.

–: Le dieu inconscient. Editions Resma, Paris 1975.

–: Decouvrir un sens a sa vie avec la logotherapie. Actualisation, Montreal 1988.

–: Psykologi og eksistens. Gyldendal Forlagstrykkeri, Kopenhagen, 9 Auflagen, 1967–1982.

–: Psykologiens menneskebillede. Munksgaard, Kopenhagen 1970.

–: Psykiatri og sjaelsorg. Gyldendal, Kopenhagen 1971.

–: Det overhorte rab om mening. Gyldendal, Kopenhagen 1980.

–: Den ubevidste Gud. Psykoterapi og religion. Gad, Kopenhagen 1980.

–: Tsung Chi-chung-ying Shuo-tao Tsuen-Tsai-chu-vi. Kuang-chi Press, Taichung/Taiwan. 8 Auflagen. 1967–1977.

Frankl Viktor E.: Meaning as emergence out of life experience. From concentration camp to existentialism (chinesisch). Kuang-chi Press, Taichung/Taiwan, 1983.
—: Ha'adam mechapes ma'schmauth. Mimachanoth hamaweth el ha' existenzialism. Dvir, Tel Aviv, 11 Auflagen, 1970–1981.
—: The Unheard Cry for Meaning. Psychotherapy and Humanism (hebräisch). Dvir, Tel Aviv 1982.
—: The Will to Meaning (hebräisch). Dvir, Tel Aviv 1985.
—: Der unbewußte Gott. Psychotherapie und Religion (hebräisch). Dvir, Tel Aviv 1985.
—: Anazitontas noima, zois kai eleytherias. S'ena stratopedo sigkentroscos. Eptalophos, Athen, und Tamassos, Nicosia, 3 Auflagen, 1972–1979.
—: Psychotherapy and Existentialism (griechisch). Tamassos, Nicosia 1987.
—: The Unconscious God (griechisch). Tamassos, Nicosia 1980.
—: Waarom lewe ek. Hollandsch Afrikaansche Uitgevers Maatschappij, Kaapstad/Pretoria 1975.
—: Se ja vir die lewe. Tafelberg-Uitgewers Beterk, Kaapstad, 2 Auflagen, 1980–1982.
—: Zasto se niste ubili? Uvod u logoterapiju (serbokroatisch). Oko tri ujutro, Odra-Zagreb, 5 Auflagen, 1978–1986.
—: Bog podsvijesti. Psihoterapija i religija (serbokroatisch). Oko tri ujutro, Odra-Zagreb, 3 Auflagen, 1980–1985.
—: Necujan vapaj za smislom (The Unheard Cry for Meaning). Naprijed, Zagreb, 2 Auflagen, 1981–1987.
—: Ihmisyyden rajalla. Otava, Helsinki, 5 Auflagen, 1978–1983.
—: Elaemaen tarkoitusta etsimaessae. Otava, Helsinki 1980.
—: Olemisen tarkoitus. Otava, Helsinki, 5 Auflagen, 1983–1987.
—: Itsensae loeytaeminen. Kirjayhtymae, Helsinki, 2 Auflagen, 1984.
—: Ehjae ihmiskuva. Kirjayhtymae, Helsinki o. J.
—: Tiedostamaton jumala. Psykoterapian ja uskonnon suhteesta. Kirjayhtymae, Helsinki 1987.
—: Dzugum gua salang. Park moon wung, Seoul 1974.
—: Shim lee yo boup gua hyun dae yin (koreanisch) (Psychotherapy and Existentialism). Benedict Press, Waegwan (Korea) 1979.
—: The Will to Meaning (koreanisch). Benedict Press, Waegwan (Korea) 1979.
—: The Unconscious God (koreanisch). Benedict Press, Waegwan (Korea) 1980.
—: Psiholog v taboriscu smrti (slowenisch). Mohorjeva druzba, Celje 1983.

Frankl Viktor E.: Josef Pieper und Helmut Schöck: Altes Ethos – neues Tabu. Adamas, Köln 1974.

–: Erling Foerland und Tollak B. Sirnes: Det frigjorte sinn. Olaf Norlis Forlag, Oslo 1970.

–: Giambattista Torello und John Wright: Sacerdozio e senso della vita. Edizioni Ares, Milano 1970.

–: Ol, Reiser, G. Leytham und R. Lofgren: Mia prospacia syntheseos tes anthropines gnoseos. Ekdoseie Nikh, Athen 1964.

–: Paul Tournier, Harry Levinson, Helmut Thielicke, Paul Lehmann und Samuel H. Miller: Are You Nobody? John Knox Press, Richmond, Virginia, 4 Auflagen, 1966–1971.

–: und Franz Kreuzer: Im Anfang war der Sinn. Von der Psychoanalyse zur Logotherapie. Franz Deuticke, Wien 1982, und Serie Piper 520, München, 2 Auflagen, 1982–1986.

Froggio, Giacinto: Un male oscuro.Alcolismo e logoterapia di V. E. Frankl. Edizioni Paoline, Milano 1987.

Funke, Günter: Logoterapian Merkitys Ajallemme. Vapaa Evankeliumisaatio, Helsinki 1984.

Gomes, Jose Carlos Vitor: Logoterapia.A psicoterapia existencial humanista de Viktor Frankl. Edicoes Loyola, Sao Paulo, Brasil, 1987.

–: A pratica da psicoterapia existencial. Logoterapia. Uma aproximacao a obra de Viktor Frankl e o movimento humanistico existencial da Escola de Viena. Editora Vozes, Petropolis 1987.

Hadrup, Gorn: Viktor E. Frankl. Forum, Kopenhagen, und Dreyer, Oslo 1979.

Iwundu, Charles Okechukwu: »Applications of Logotherapy in Counselling of the Maladjusted Persons.« Pontifical University »Antonianum«, Rome 1987.

Jones, Frederic H., und Judith K. Jones: Victor Frankl's Logotherapy. The Proceedings of the Fifth World Congress of Logotherapy. Berkeley, Institute of Logotherapy Press, 1986.

Keppe, Norberto R.: From Sigmund Freud to Viktor E. Frankl. Integral Psychoanalysis. Proton Editora, Sao Paulo 1980.

Kolbe, Christoph: Heilung oder Hindernis. Religion bei Freud, Adler, Fromm, Jung und Frankl. Kreuz-Verlag, Stuttgart 1986.

Kurz, Wolfram K.: Ethische Erziehung als religionspädagogische Aufgabe: Strukturen einer sinnorientierten Konzeption religiöser Erziehung unter besonderer Berücksichtigung der Sinn-Kategorie und der Logotherapie V. E. Frankls. Vandenhoeck und Ruprecht, Göttingen 1987.

Längle, Alfried (Hrsg.): Wege zum Sinn. Logotherapie als Orientierungshilfe. Serie Piper 189, München 1985.

Längle, Alfried (Hrsg.): Sinnvoll leben. Wegweiser zum Leben. Niederösterreichisches Pressehaus, St. Pölten–Wien 1987.

–: (Hrsg.): Entscheidung zum Sein. Viktor E. Frankls Logotherapie in der Praxis. Serie Piper 791, München–Zürich 1988.

–: und Günter Funke (Hrsg.): Mut und Schwermut. Existenzanalyse der Depression. Gesellschaft für Logotherapie und Existenzanalyse, Wien 1987.

Lazar, Edward, Sandra A. Wawrytko and James W. Kidd, eds.: Viktor Frankl, People and Meaning: A Commemorative Tribute to the Founder of Logotherapy on His Eightieth Birthday. San Francisco, Golden Phoenix Press, 1985.

Leslie, Robert C.: Jesus and Logotherapy. The Ministry of Jesus as Interpreted Through the Psychotherapy of Viktor Frankl. Abingdon Press, New York-Nashville, 2 Auflagen, 1965–1968.

Lukas, Elisabeth: Auch dein Leben hat Sinn. Logotherapeutische Wege zur Gesundung. Herder, Freiburg im Breisgau, 2 Auflagen, 1980–1984.

–: Auch deine Familie braucht Sinn. Logotherapeutische Hilfen in Ehe und Erziehung. Herder, Freiburg im Breisgau 1981.

–: Auch dein Leiden hat Sinn. Logotherapeutischer Trost in der Krise. Herder, Freiburg im Breisgau, 2 Auflagen, 1982–86.

–: Von der Tiefen- zur Höhenpsychologie. Logotherapie in der Beratungspraxis. Herder, Freiburg im Breisgau, 2 Auflagen, 1983–1984.

–: Psychologische Seelsorge. Logotherapie – die Wende zu einer menschenwürdigen Psychologie. Herder, Freiburg im Breisgau 1985.

–: Sinn-Zeilen. Logotherapeutische Weisheiten. Herder, Freiburg im Breisgau, 2 Auflagen, 1985–1987.

–: Tu vida tiene sentido. Logoterapia y salud mental. Prologo de Viktor E. Frankl. Ediciones S. M., Madrid 1983.

–: Dare un senso alla vita. Logoterapia e vouto esistenziale. Prefazione di Viktor E. Frankl. Cittadella Editrice, Assisi 1983.

–: Dare un senso alla sofferenza. Logoterapia e dolore umano. Cittadella Editrice, Assisi 1983.

–: Tu familia necesita sentido. Aportaciones de la logoterapia. Ediciones S. M., Madrid 1983.

–: Je gezin, je houvast. Op weg naar nieuwe waarden via de logotherapie. Dekker & van de Vegt, Nijmegen 1983.

–: Meaningful Living. Logotherapeutic Guide to Health. Foreword by Viktor E. Frankl. Grove Press, New York, 1986.

–: Sinunkin elaemaellaesi on tarkoitus. Kirjayhtymae, Helsinki 1984.

–: Elaemaen voimat. Kirjayhtymae, Helsinki 1985.

Lukas, Elisabeth: I tvoja patnja smisla ima. Logoterpeutska utjeha u krizi. Oko tro ujutro, Odra-Zagreb 1985.

–: Meaning in Suffering: Comfort in Crisis through Logotherapy. Berkeley, California, Institute of Logotherapy Press, 1986.

–: Logo-Test. Test zur Messung »existentieller Frustration«. Franz Deuticke, Wien 1986.

–: Von der Trotzmacht des Geistes. Menschenbild und Methoden der Logotherapie. Herder, Freiburg im Breisgau 1986.

–: Gesinnung und Gesundheit. Lebenskunst und Heilkunst in der Logotherapie. Herder, Freiburg im Breisgau 1987.

–: Dare un senso alla famiglia. Logoterapie e pedagogia. Edicioni Paoline, Torino 1987.

–: Rat in ratloser Zeit. Anwendungs- und Grenzgebiete der Logotherapie. Herder, Freiburg im Breisgau 1988.

Pareja Herrera, Guillermo: Viktor E. Frankl.Comunicacion y resistencia. Premia, Tlahuapan (Mexico) 1987.

Polak, Paul: Frankls Existenzanalyse in ihrer Bedeutung für Anthropologie und Psychotherapie. Tyrolia-Verlag, Innsbruck–Wien 1949 (vergriffen).

Popielski, Kazimierz (Herausgeber): Cztowiek – pytanie otwarte. Studia z logoteorii i logoterapii. Redakcja Wydawnictw Katolikkiego Uniwersytetu Lubelskiego, Lublin 1987.

Roehlin, Karl-Heinz: Sinnorientierte Seelsorge. Die Existenzanalyse und Logotherapie V. E. Frankls im Vergleich mit den neueren evangelischen Seelsorgekonzeptionen und als Impuls für die kirchliche Seelsorge. tuduv-Verlagsgesellschaft, München 1986.

Sinn-voll heilen. Viktor E. Frankls Logotherapie – Seelenheilkunde auf neuen Wegen. Vorwort von Irmgard Karwatzki. Herder, Freiburg im Breisgau 1984.

Sinn-voll heilen. Viktor E. Frankls Logotherapie – Seelenheilkunde auf neuen Wegen. Vorwort von Irmgard Karwatzki. (Tahdonvoimalla terveeksi. Viktor E. Franklin logoterapia.) Kirjayhtymae, Helsinki 1985.

Takashima, Hiroshi: Psychosomatic Medicine and Logotherapy. Foreword by Viktor E. Frankl. Dabor Science Publications, Oceanside, New York 1977.

–: Psychosomatic Medicine and Logotherapy (japanisch). Maruzen, Tokyo 1981.

–: Humanistic Psychosomatic Medicine. A Logotherapy Book. Berkeley, Institute of Logotherapy Press, 1985.

Tweedie, Donald F.: Logotherapy and the Christian Faith. An Evalution of Frankl's Existential Approach to Psychotherapy. Preface by Viktor E. Frankl. Baker Book House, Grand Rapids, Michigan, 3 Auflagen, 1961–1972.

Tweedie, Donald F.: The Christian and the Couch. An Introduction to Christian Logotherapy. Baker Book House, Grand Rapids, Michigan, 1963.
–: Furakule no shinrigoku (Frankl's Psychotherapy). Mikuni Shoten, Tokyo 1965.
Ungersma, Aaron J.: The Search for Meaning. Foreword by Viktor E. Frankl. Westminster Press, Philadelphia, 2 Auflagen, 1961–1968.
Wawrytko, Sandra A.: Analecta Frankliana.The Proceedings of the First World Congress of Logotherapy (1980). Berkeley, Institute of Logotherapy Press, 1982.
Wolicki, Marian: Człowiek w analizie egzystencjalnej Viktora Emila Frankla, Przemyśl 1986.
Xausa, Izar Aparecida de Moraes: A Psicologia do Sentido da Vida. (A primeira obra publicada no Brasil sobre a Logoterapia.) Editora Vozes, Petropolis (Brasilien) 1986.

II. Buchkapitel

Ascher, L. Michael: Paradoxical Intention. An Experimental Investigation, in: Handbook of Behavioral Interventions. Hrsg. von A. Goldstein und E. B. Foa. John Wiley, New York 1980.
–, Michael R. Bowers, and David E. Schotte: A Review of Data from Controlled Case Studies and Experiments Evaluating the Clinical Efficacy of Paradoxical Intention, in: Promoting Change Through Paradoxical Therapy, Gerald R. Weeks, ed. Homewood, Illinois, Dow Jones-Irwin 1985, pp. 99–110.
–, and DiTomasso, Robert A., »Paradoxical Intention in Behavior Therapy: A Review of the Experimental Literature«, in: Evaluating Behavior Therapy Outcome, Ralph McMillan Turner and L. Michael Ascher, eds. New York, Springer, 1985.
Crumbaugh, James C., und Leonard T. Maholick: Eine experimentelle Untersuchung im Bereich der Existenzanalyse. Ein psychometrischer Ansatz zu Viktor Frankls Konzept der »noogenen Neurose«, in: Die Sinnfrage in der Psychotherapie. Hrsg. von Nikolaus Petrilowitsch. Wissenschaftliche Buchgesellschaft, Darmstadt 1972.
Frankl, Viktor E.: Psychologie uznd Psychiatrie des Konzentrationslagers, in: Psychiatrie der Gegenwart. Forschung und Praxis. Hrsg. von H. W. Gruhle, R. Jung, W. Mayer-Gross und M. Müller, Band III. Springer, Berlin–Göttingen–Heidelberg 1961.

Frankl, Viktor E.: Grundriß der Existenzanalyse und Logotherapie, in: Grundzüge der Neurosenlehre. Urban & Schwarzen-
berg, München–Berlin–Wien 1972.

–: Paradoxien des Glücks. Am Modell der Sexualneurose, in:
Was ist Glück? Ein Symposion. dtv-Taschenbücher 1134, dtv-
Verlag, München 1976.

–: Opening Address to the First World Congress of Logotherapy:
Logotherapy on Its Way to Degurufication, in: Analecta
Frankliana: The Proceedings of the First World Congress of
Logotherapy (1980). Institute of Logotherapy Press, Berkeley
1982.

–: Die Begegnung der Indivudalpsychologie mit der Logotherapie,
in: Die Begegnung der Individualpsychologie mit anderen The-
rapieformen. Hrsg. von Toni Reinelt, Zora Otalora und Helga
Kappus. Ernst Reinhardt, München–Basel 1984.

–: Logos, Paradox, and the Search for Meaning, in Cognition and
Psychotherapy, Edited by Michael J. Mahoney and Arthur Free-
man. Plenum Press, New York 1985.

Grom, Bernhard, Norbert Brieskorn und Gerd Haeffner: Glück.
Auf der Suche nach dem »guten Leben.«. Ullstein, Frankfurt am
Main 1987 (Kapitel »V. E. Frankls Logotherapie und Existenz-
analyse«).

Hippenreiter, Y. B., and A. A. Puzyzey: Psichologia lichnosti
(Teksty). Moscow State University, Moskau 1982 (Kapitel »V. E.
Frankl. Poisk smysla yizni i logoterapi«).

Sahakian, William S.: History of Psychology. Peacock, Itasca 1968
(Kapitel »Viktor Frankl«).

Seltzer, Leon F., »Paradoxical Intention«, in Paradoxical Strategies
in Psychotherapy, New York, John Wiley, 1986.,

Vesely, Franz: Die Sinnfrage in der Industriegesellschaft, in: Gesellschaft und Wirtschaft im Umbruch und Aufbruch. Sperry,
Wien 1984.

Weeks, Gerald R., und Luciano L'Abate: Research on Paradoxical
Intention, in: Paradoxical Psychotherapy. Brunner/Mazel, New
York 1982.

III. Dissertationen und Habilitationsschriften

Alimandi, Anna: »Sofferenza senza senso? L'aiuto della logoterapia di Viktor Frankl nell'assistenza infermieristica.« Tesi di
diploma, Universita degli studi di Roma »La Sapienza«
1984–1985.

Ballard, Rex Eugene: »An Empirical Investigation of Viktor Frankl's Concept of the Search for Meaning: A Pilot Study with a Sample of Tuberculosis Patients.« Doctoral Dissertation, Michigan State University, 1965.

Benedikt, Friedrich M.: Zur Therapie angst- und zwangsneurotischer Symptome mit Hilfe der »Paradoxen Intention« und »Dereflexion« nach V. E. Frankl. München 1968.

Bordeleau, Louis-Gabriel: La relation entre les valeurs du choix vocationnel et les valeurs creatrices chez V. E. Frankl. Doctoral Thesis Presented to the Faculty of Psychology of the University of Ottawa, Canada 1971.

Böschemeyer, Uwe: Die Sinnfrage in der Existenzanalyse und Logotherapie Viktor E. Frankls. Eine Darstellung aus theologischer Sicht. Dissertation, Hamburg 1974.

Brune, Karl-Heinz: »Viktor E. Frankls Mission (Voraussetzungen und Konsequenzen des existenzanalytisch-logotherapeutischen Konzepts in kritischer Betrachtung)«. Dissertation. Westfälische Wilhelms-Universität (Medizinische Fakultät). Münster 1978.

Bucci, Felice: »Viktor Emil Frankl e la logoterapia (La risposta della psicologia al vuoto esistenziale)«. Dissertation, Universita di Bari 1978.

Bulka, Reuven P.: An Analysis of the Viability of Frankl's Logotherapeutic System as a Secular Theory. Thesis presented to the Department of Religious Studies of the University of Ottawa, 1969.

–: Denominational Implications of the Religious Nature of Logotherapy. Thesis presented to the Department of Religious Studies of the University of Ottawa as partial fulfillment of the requirements for the degree of Doctor of Philosophy. Ottawa, Canada, 1971.

Burck, James Lester: The Relevance of Viktor Frankl's »Will to Meaning« for Preaching to Juvenile Delinquents, Thesis. Southern Baptist Theological Seminary, Louisville, Kentucky, 1966.

Calabrese, Edward James: The Evolutionary Basis of Logotherapy. Dissertation, University of Massachusetts, 1974.

Carelli, Rocco: Il processo di decodificazione del messaggio in rapporto alla struttura della personalita con particolare riferimento alla concezione personologica di Viktor E. Frankl. Dissertation, Universita di Roma, Facolta di Psicologia, 1975.

Carrigan, Thomas Edward: The Meaning of Meaning in the Logotherapy of Dr. Viktor E. Frankl. Thesis, University of Ottawa, Canada, 1973.

Cavanagh, Michael E.: The Relationship between Frankl's »Will to meaning« and the Discrepancy between the Actual Self and the Ideal Self. Doctoral Dissertation, University of Ottawa, Canada, 1966.

Chastain, Mills Kent: »The Unfinished Revolution: Logotherapy as Applied to Primary Grades 1–4 Values Clarification in the Social Studies Curriculum in Thailand.« Thesis, Monterey Institute of International Studies, 1979.

Chiquirrin Aguilar, Regino: La antropologia de Viktor E. Frankl. Exposicion y evaluaction teologica. Dissertation, Universidad Pontifica de Salamanca, 1987.

Colley, Charles Sanford: An Examination of Five Major Movements in Counseling Theory in Terms of How Representative Theorists (Freud, Williamson, Wolpe, Rogers and Frankl) View the Nature of Man. Dissertation, University of Alabama, 1970.

Dansart, Bernard: Development of a Scale to Measure Attitudinal Values as Defined by Viktor Frankl. Dissertation, Northern Illinois University, 1974.

Dassa, Carmelo: La concezione personologica dell'uomo nella logoterapia di Viktor Frankl. Dissertation, Universita di Roma 1979.

Del Rio Andres, German, Romulo Santelices Cespedes y Roberto Villena Iturriaga: Liberdad y Responsibilidad en el pensamiento de Victor E. Frankl. Su proyeccion a la Educacion. Pontificia Universidad Catolica de Chile, Talca 1987.

Diamond, Cathryn, »A Study of the Applications of Viktor Frankl's Psychological Writings for the Theory and Practice of School Counselling.« Dissertation, University of Dublin, 1984.

Distelkamp, Christel: »Die Existenzanalyse und Logotherapie V. E. Frankls. Ihre Möglichkeiten für Theologie und Seelsorge.« Diplomarbeit, Albert-Ludwigs-Universität, Freiburg 1982.

Doering, Dieter: Die Logotherapie Viktor Emil Frankls. Dissertation, Köln 1981.

Duncan, Franklin Davis: Logotherapy and the Pastoral Care of Physically Disabled Persons. Thesis. Southern Baptist Theological Seminary, Louisville, Kentucky, 1968.

Dymała, Czestław: Zagadnienie sensu życia u Viktora E. Frankla. Praca magisterska pisana na seminarium z filozofii pod kierunkiem, Papieski Fakultet Teologiczny, Wrocław 1976.

–: Viktora E. Frankla analityczno-egzystencjalna teoria sensu zycia. Praca licencjacka pisana na seminarium z filozofii pod kierunkiem, Papieski Fakultet Teologiczny, Wrocław 1979.

Eisenberg, Mignon G.: »The Logotherapeutic Intergenerational Encounter Group: A Phenomenological Approach.« Dissertation, Southeastern University, New Orleans 1980.

Eisenmann, Manfred: Zur Ätiologie und Therapie des Stotterns. Unter besonderer Berücksichtigung der paradoxen Intentionsmethode nach V. E. Frankl. Freiburg im Breisgau 1960.

Eisner, Harry R.: Purpose in life as a Function of Locus of Control and Attitudinal Values: a Test of Two of Viktor Frankl's Concepts. Dissertation, Marquette University, 1978.

Fallows, Randall J.: »Viktor Frankl's Logotherapy and the Teaching of Meaningful Writing.« Thesis, San Diego State University, 1984.

Fizzotti, Eugenio: Il significato dell'esistenza. La concezione psichiatrica di Viktor E. Frankl. Tesi di laurea, Universita Salesiana, Roma 1970.

v. Forstmeyer, Annemarie: The Will to Meaning as a prerequisite for Self-Actualization. Thesis Presented to the Faculty of California Western University, 1968.

Galeone, Francesco: »La logoterapia di V. E. Frankl (Per una riumanizzazione della psichiatria)«. Dissertation, Universita di Napoli, 1979.

Gianni, Alfio A.: »Los Aportes de la Logoterapia a la Direccion Espiritual«. Monografia para la Licenciatura, Universidad Catolica Argentina Santa Maria De Los Buenos Aires, 1983.

Gill, Ajaipal Singh: An Appraisal of Viktor E. Frankl's Theory of Logotherapy as a Philosophical Base for Education. Dissertation, The American University, 1970.

Graupmann, Gisela: Eine Interpretation logotherapeutischer Intervention nach Viktor E. Frankl anhand der Beispiele zweier Zwangsneurosen. Diplomarbeit, Ludwig-Maximilian-Universität, München 1984.

Graziosi, Maria Teresa: La logoterapia di V. E. Frankl. Tesi di laurea, Universita del S. Cuore di Milano, 1971–1972.

Green, Hermann H.: »The ›Existential Vacuum‹ and the Pastoral Care of Elderly Widows in a Nursing Home«. Master's Thesis, Southern Baptist Theological Seminary, Louisville, Kentucky, 1970.

Guerra, Juan Jose Hernandez: La conciencia: Nucleo espiritual de libertad y responsabilidad en la logoterapia de Viktor E. Frankl. Thesis, Universidad Pontificia Salesiana, Roma 1988.

Guldbrandsen, Francis Aloysius: »Some of the Pedagogical Implications in the Theoretical Work of Viktor Frankl in Existential Psychology: A Study in the Philosophic Foundation of Education.« Doctoral Dissertation, Michigan STate University, 1972.

Hatcher, Gordon: »A Study of Viktor E. Frankl's and Karl A. Menninger's Concepts of Love.« Dissertation, University of the Pacific, Stockton, California, 1968.

Havenga, Anna Aletta: «Antropologiese onderbou van Logoterapie.« Dissertation, Pretoria 1974.

Henderson, J. P.: The Will to Meaning of Viktor Frankl as a Meaningful Factor of Personality. Thesis, The University of Maryland, 1970.

Holmes, R. M.: »Meaning and Responsibility: A Comparative Analysis of the Concept of the Responsible Self in Search of Meaning in the Thought of Viktor Frankl and H. Richard Niebuhr with Certain Implications for the Church's Ministry to the University«. Doctoral Dissertation, Pacific School of Religion, 1965.

Jones, Elbert Whaley: Nietzsche and Existential-Analysis. Dissertation, New York 1967.

Jucha, Zygfryd: Koncepcja nerwicy noogennej wedlug Viktora Emila Frankla. Lublin 1968.

Kankel, Eva: »Die Bedeutung der Logotherapie Frankls für das therapeutische Gespräch in einer psychologischen Beratungsstelle.« Diplomarbeit, Stiftungsfachhochschule München, Benediktbeuern 1981.

Kaspar, Hanna: »Zur pädagogischen Relevanz von Viktor Frankls Logotherapie und Existenzanalyse.« Diplomarbeit, Pädagogische Hochschule Weingarten 1985.

Klapper, Naomi: »On Being Human: A Comparative Study of Abraham J. Heschel and Viktor Frankl.« Doctoral Dissertation, Jewish Theological Seminary of America, 1973.

Kovacic, Gerald: Leidensfähigkeit, Sinnfrustration und Angst. Ein empirischer Beitrag zur Logotherapie. Dissertation, Wien 1977.

Kurz, Wolfram: »Ethische Erziehung als religionspädagogische Aufgabe. Historische und systematische Zusammenhänge unter besonderer Berücksichtigung der Sinn-Kategorie und der Logotherapie V. E. Frankls«. Habilitationsschrift, Eberhard-Karls-Universität, Tübingen 1983.

Lance, Ricky L.: »An Investigation of Logotherapy for a Possibility Theory of Personality.« Dissertation, New Orleans Baptist Theological Seminary, 1978.

Levinson, Jay Irwin: »An Investigation of Existential Vacuum in Grief via Widowhood.« Dissertation, United States International University, San Diego, California, 1979.

Lieban-Kalmar, Vera: Effects of Experience-Centered Decision-Making on Locus of Control, Frankl's Purpose in Life Concept, and Academic Behavior of High School Students. Dissertation, University of San Francisco, 1982.

Liva, Virginia: »Contributi della logoterapia di Viktor E. Frankl

alla psicoterapia«. Dissertation, Pontificio Facolta di Scienze dell'Educazione della Figlie di Maria Ausiliatrica, Roma 1978.
Lobello, Francesca: Istance educative nella logoterapia. Dissertation, Universita Degli Studi Di Lecce, Roma 1982–1983.
Lopez Vanegas, Jose Hernan: »La terapia en Viktor E. Frankl«. Universidad Javeriana, Bogota 1965.
Lueje, Maria Elena: »The Sense of Existence in the Thinking of Viktor Frankl and its Importance for Education.« Thesis, Pontificia Universidad Catolica de Chile, Santiago 1987.
Lukas, Elisabeth S.: Logotherapie als Persönlichkeitstheorie. Dissertation, Wien 1971.
Maes, Xavier: De existenzanalytische theorie en therapie van Viktor E. Frankl en haar pedagogische en andragogische implicaties. Katholieke Universiteit Leuven, 1979.
Magnus, Joris: De Existenzanalyse en Logotherapie van V. E. Frankl. Katholieke Universiteit Te Leuven, 1964.
Manekofsky, Alan M.: »Viktor E. Frankl: A Philosophical Anthropological Study«. Dissertation. Vrije Universiteit van Amsterdam (Centrale Interfaculteit), 1977.
Marcheselli, Gianni: La teoria-terapia di Viktor Frankl come tentativo di revisione critica dell'approccio psicanalitico per una nuova concezione psicologica dell'uomo. Dissertation. Universita degli Studi di Bologna, Facolta di Scienze Politiche, 1975–1976.
Marrer, Robert E.: »Existential-Phenomenological Foundations in Logotherapy Applicable to Counseling«. Dissertation, Ohio University, 1972.
Mascolo, Franco: »Analisi esistenziale e logoterapia«. Dissertation, Universita di Napoli, 1972.
Meier, Augustine: Frankl's »Will to Meaning« as Measured by the Purpose in Life Test in Relation to Age and Sex Differences. Dissertation presented to the University of Ottawa, Canada, 1973.
Merilaeinen, Alpo: Vaerdeproblemet i psykoterapeutisk och theologisk antropologi. Jaemfoerelse mellan vaerdraspekten Viktor E. Frankls logoterapeutiska existensanalyse och i romersk-katolsk tradition. Abo 1969.
Minton, Gary: »A Comparative Study of the Concept of Conscience in the Writings of Sigmund Freud and Viktor Frankl.« Dissertation, New Orleans Baptist Theological Seminary, 1967.
Mostert, William Cornelius: »'n Literatuurstudie oor die logoterapie van Viktor E. Frankl en 'n empiriese ondersoek na die toepasbaarheid daarvan in die behandeling van die alkoholis«. Dissertation, Universiteit van die Oranje-Vrystaat (Fakulteit van Sosiale Wetenskappe) 1978.

Muilenberg, Don T.: Meaning in Life: Its Significance in Psychotherapy. Dissertation, University of Missouri, 1968.

Murphy, Leonard: Extent of Purpose-in-Life and Four Frankl-Proposed Life Objectives. Doctoral Thesis Presented to the Faculty of Psychology and Education of the University of Ottawa, Canada, 1966.

Neudert, Gerold: Eine Darstellung der Existenzanalyse und Logotherapie Viktor E. Frankls im Hinblick auf Fragen an die Theologie und auf Impulse für die Seelsorge. Diplomarbeit, Julius-Maximilians-Universität, Würzburg 1977.

Offutt, Berch Randall: Logotherapy, Actualization Therapy or Contextual Self-Realization? Dissertation, United States International University, 1975.

Ott, B. D., »The efficacy of paradoxical intention in the treatment of sleep onset insomnia under differential feedback conditions.« Dissertation, Hofstra University, 1980.

Pacciolla, Aureliano: Etica logoterapica (Frankl e la morale). Dissertation, Pontifica Universitas Lateranensis, Roma 1978.

Panteghini, Pedon: »Sessualita in Frankl«. Dissertation, Universita di Padova, 1978.

Placek, Paul J.: »Logotherapy of the Human Relationship.« Dissertation, California Christian University, 1978.

Preble, Jana: The Logo-Test: Norming Extensions. Doctoral dissertation, University of Nevada, Reno, 1986.

Princot, Elisabeth: Vigencia y Continuidad del Pensamiento de Viktor E. Frankl. Dissertation, Universidad Catolica Andres Bello, Caracas 1984.

Raban, Milos: »Die geistliche Dimension der Psychologie Viktor E. Frankls.« Dissertation, Pontificia Universitas Gregoriana, Rom 1986.

Raskob, Hedwig: »Logotherapie: Versuch einer systematischen und kritischen Darstellung der Logotherapie und Existenzanalyse Viktor E. Frankls.« Dissertation, Eberhard-Karls-Universität, Tübingen 1978.

Roehlin, Karl-Heinz: Sinnorientierte Seelsorge. Die Existenzanalyse und Logotherapie V. E. Frankls im Vergleich mit den neueren evangelischen Seelsorgekonzeptionen und als Impuls für die kirchliche Seelsorge. Dissertation, Erlangen–Nürnberg 1984.

Sargent, George Andrew: Job Satisfaction, Job Involvement and Purpose in Life: A Study of Work and Frankl's Will to Meaning. Thesis Presented to the faculty of the United States International University, 1971.

–: »Motivation and Meaning: Frankl's Logotherapy in the Work

Situation«. Dissertation, United States International University, 1973.

Schiller, Karl Erwin: Psychotherapie, Logotherapie und der Logos des Evangeliums. Wien 1959.

Schlederer, Franz: Erziehung zu personaler Existenz. Viktor E. Frankls Existenzanalyse und Logotherapie als Beitrag zu einer anthropologisch fundierten Pädagogik. München 1964.

Schoeman, Stefanus Johannes: Die antropologies-personologiese denkbleede van die Derde Weense Skool en die betekenis hiervan vir die opvoeding in sedelike verband. Dissertation, Pretoria 1958.

Schützenauer, Heidelinde: »Krisenbereitschaft und Sinnfindung bei 15- und 18jährigen Jugendlichen. Ein Beitrag zur Logotherapie.« Naturwissenschaftliche Fakultät der Universität Salzburg, 1986.

Serrano, Rehus Maria Luisa: El pensamiento antropologico de Viktor Frankl. Tesis de licentiatura, Valencia o. J.

Siwiak, Małgorzata: Analiza problemow noogennych w nerwicach. Lublin 1969.

Sonnhammer, Erik: Existenzanalyse und Logotherapie V. E. Frankls in kritischer Betrachtung. Graz 1951.

de Souza, Aias: »Logotherapy and Pastoral Counseling: An Analysis of Selected Factors in Viktor E. Frankl's Concept of Logotherapy as they Relate to Pastoral Counseling.« Dissertation, Heed University, Hollywood, Florida, 1980.

Springer, John Rolland: »A Study of Viktor Frankl's Logotherapy with Implications for Christian Preaching.« Dissertation, San Francisco Theological Seminary, 1974.

Stropko, Andrew John: Logoanalysis and Guided Imagery as Group Treatments for Existential Vacuum. Dissertation, Texas Tech University, 1975.

Strout, Alan R., »The Search for Meaning: A Study of the Perspectives of Viktor Frankl and H. Richard Niebuhr and Their Use in a Small Group Study for the Local Church.« Dissertation Abstracts International, Vol. 44 (3-A) (Sep. 1983), 782.

Taylor, Charles, P.: »Meaning in life: Its relation to the ›will-to-pleasure‹ and preoccupation with death.« Master's thesis, The University of Pittsburgh, 1974.

Utsch, Michael: Der Sinn-Begriff in der Persönlichkeitsforschung. Die Logotherapie Viktor E. Frankls. Diplomarbeit, Rheinische Friedrich Wilhelms-Universität, Bonn 1987.

Weber, Thomas: »Die Frage nach dem Sinn des Lebens in der Logotherapie Viktor E. Frankls. Eine Darstellung aus theologischer Sicht.« Diplomarbeit, Universität Innsbruck 1980.

Wesemael, Marc van: »De existenzanalyse van Viktor E. Frankl. Analyse van Schelers invloed op Frankls antropologie.« Dissertation, Katholieke Universiteit Leuven, 1986.

Wicki, Beda: »Die Theorie von Viktor E. Frankl als Beitrag zu einer anthropologisch fundierten Pädagogik.« Pädagogisches Seminar der Universität Bern, 1981.

Wilson, Robert A.: »Logotherapy: An Educational Approach for the Classroom Teacher«. Laurence University, 1982.

Xausa, Izar Aparecida de Moraes: »Logoterapia: Uma psicologia humaniste e espiritual.« Dissertation, Pontificia Universidade Catolica do Rio Grande do Sul, Brasil, 1984.

Yeates, J. W.: »The Educational Implications of the Logotherapy of Viktor E. Frankl«. Doctoral Dissertation, University of Mississippi, 1968.

Zirdum, Jure: »L'Antropologia personalistica nel pensiero di Viktor Frankl.« Dissertatione, Pontificia Universitas Lateraniensis, Roma 1984.

IV. Zeitschriftenartikel

Ansbacher, Rowena R.: The Third Viennese School of Psychotherapy. Journal of Individual Psychology 15, 236, 1959.

Ascher, L. Michael: Employing Paradoxical Intention in the Behavior Treatment. Scandinavian Journal of Behavior Therapy 6, 28, 1977.

–: Paradoxical Intention Viewed by a Behavior Therapist. The International Forum for Logotherapy 3, 13–16, 1980.

–, and Jay S. Efran: Use of Paradoxical Intention in a Behavior Program. Journal of Consulting and Clinical Psychology 46, 547, 1978.

–, Schotte, David E., and Grayson, John B., »Enhancing Effectiveness of Paradoxical Intention in Treating Travel Restriction in Agoraphobia.« Behavior Therapy 17, 1986, 124–130.

–, and Ralph M. Turner: Paradoxical intention and insomnia: an experimental investigation. Behav. Res. & Therapy 17, 408, 1979.

–, and Ralph MacMillan Turner, »A comparison of two methods for the administration of paradoxical intention.« Behav. Res. & Therapy, Vol. 18, 1980, 121–126.

Böckmann, Walter: Was Sinn macht. Viktor Frankls Logotherapie. Psychologie heute, 14. Jahrgang, Heft 4, April 1987.

Carter, Robert E.: »The Ground of Meaning: Logotherapy, Psychotherapy, and Kohlberg's Developmentalism«. The International Forum for Logotherapy, Volume 9, Number 2, Fall/Winter 1986, 116–124.

Frankl, Viktor E.: Zur mimischen Bejahung und Verneinung. Internationale Zeitschrift für Psychoanalyse 10, 437, 1924.

–: Psychotherapie und Weltanschauung. Internationale Zeitschrift für Individualpsychologie 3, 250, 1925.

–: Zur geistigen Problematik der Psychotherapie. Zentralblatt für Psychotherapie 10, 33, 1938.

–: Philosophie und Psychotherapie. Zur Grundlegung einer Existenzanalyse. Schweizerische medizinische Wochenschrift 69, 707, 1939.

–: The Concept of Man in Psychotherapy. Proceedings of the Royal Society of Medicine 47, 975, 1954.

–: On Logotherapy and Existential Analysis. American Journal of Psychoanalysis 18, 28, 1958.

–: The Feeling of Meaninglessness: A Challenge to Psychotherapy. The American Journal of Psychoanalysis 32, Nr. 1, 85, 1972.

–: Encounter: The Concept and Its Vulgarization. The Journal of the American Academy of Psychoanalysis 1, Nr. 1, 73, 1973.

–: Paradoxical Intention and Dereflection. Psychotherapy: Theory, Research and Practice 12, 226, 1975.

–: Hunger nach Brot – und Hunger nach Sinn. Tiroler Impulse (Kulturmagazin), 2. Jahrgang, Nr. 1, 1985, pp. 6–7.

–: »On the Meaning of Love.« The International Forum for Logotherapy, Volume 10, Number 1 (Spring/Summer 1987), 5–8.

–: Der Alpinismus und die Pathologie des Zeitgeistes. Österreichischer Alpenverein/Mitteilungen, November/Dezember 1987, Jahrgang 42 (112).

Gerz, Hans O.: Zur Behandlung phobischer und zwangsneurotischer Syndrome mit der »paradoxen Intention« nach Frankl. Zeitschrift für Psychotherapie und medizinische Psychologie 12, 145, 1962.

–: Über 7jährige klinische Erfahrungen mit der logotherapeutischen Technik der paradoxen Intention. Zeitschrift für Psychotherapie und medizinische Psychologie 16, 25, 1966.

Hsu, L. K. George, and Stuart Lieberman: Paradoxical Intention in the Treatment of Chronic Anorexia Nervosa. American Journal of Psychiatry 139, 650–653, 1982.

Hutzell, Robert R., and Thomas J. Peterson: »An MMPI Existential Vacuum Scale for Logotherapy Research.« The International Forum for Logotherapy, Volume 8, Number 2, Fall/Winter 1985, 97–100

Krisch, K.: Paradoxe Intention, Dereflexion und die logotherapeutische Theorie der Neurosen. Psychother. med. Psychol. 31 (1981), 162–165.

Kuehn, Rolf: La vie affective en psychologie et en philosophie.

L'apport de Victor E. Frankl et de Simone Weil a une theorie therapeutique du sentiment. Revue des Sciences Philosophiques et Theologiques 69, 521–562, 1985.

Ladouceur, R., und Y. Gross-Louis: »Paradoxical intention vs. stimulus control in the treatment of severe insomnia.« J. Behav. Ther. Exp. Psychiatry 17, 267–269 (1986).

Lamb, C. S., The use of paradoxical intention: Self-management through laughter. Personnel and Guidance Journal, 59, 1980, 217–219.

Lantz, James: »Franklian Family Therapy.« The International Forum for Logotherapy, Volume 10, Number 1 (Spring/Summer 1987), 22–28.

Mahoney, Michael J.: Paradoxical Intention, Symptom Prescription, and Principles of Therapeutic Change. The Counseling Psychologist, Vol. 4, No. 2, April 1986, 283–290.

Maslow, A. H.: Comments on Dr. Frankl's Paper. Journal of Humanistic Psychology 6, 107, 1966.

Mavissakalian, M., Michelson,, L., Greenwald, D., Kornblith, S., and Greenwald, M.: »Cognitive-behavioral treatment of agoraphobia: Paradoxical intention vs. self-statement training.« Behaviour Research and Therapy, 1983, 21, 75–86.

Michelson, L., and M. A. Ascher, »Paradoxical Intention in the treatment of agoraphobia and other anxiety disorders.« J. behav. Ther. exp. Psychiat. 15, 215–220 (1984).

Milan, M. A., and D. J. Kolko: »Paradoxical intention in the treatment of obsessional flatulence ruminations.« J. Behav. Ther. exp. Psychiat., XIII (1982), 167–172.

Petrilowitsch, Nikolaus und Kurt Kocourek: Logotherapie und Pharmakotherapie. Int. Pharmacopsychiat. 2, 39, 1969.

Relinger, Helmut, Philip H. Bornstein, and Dan M. Mungas: Treatment of Insomnia by Paradoxical Intention: A Time-Series analysis. Behavior Therapy 9, 955, 1978.

Solyom, L., Garza-Perez, J., Ledwidge, B. L., and Solyom, C.: Paradoxical Intention in the Treatment of Obsessive Thoughts: A Pilot Study. Comprehensive Psychiatry 13, 291, 1972.

Soucek, W.: Die Existenzanalyse Frankls, die dritte Richtung der Wiener Psychotherapeutischen Schule. Deutsche Medizinische Wochenschrift 73, 594, 1948.

Timms, M. W. H.: Treatment of chronic blushing by paradoxical intention. Behavioral Psychotherapy 8, 59–61, 1980.

Turner, Ralph M., and Michael L. Ascher: Controlled Comparison of Progressive Relaxation, Stimulus Control, and Paradoxical Intention Therapies. Journal of Consulting and Clinical Psychology 47, 500, 1979.

V. Filme, Video- und Audiokassetten

Frankl, Viktor E.: »Frankl and the Search for Meaning«, a film produced by Psychological Films, 3334 East Coast Highway, Suite 252, Corona Del Mar, California 92625.

–: »The Rehumanization of Psychotherapy. A Workshop Sponsored by the Division of Psychotherapy of the American Psychological Association«, a videotape. Address inquiries to Division of Psychotherapy, American Psychological Association, 1200 Seventeenth Street, N.W., Washington, DC 20036.

–: »Der leidende Mensch auf der Suche nach Sinn.« (Festvortrag auf dem Österreichischen Gesundheitstag in Baden am 10. Oktober 1981.) Eine Videokassette. Erhältlich durch die Medimail-Videozentrale, Postfach 2202, D-6078 Neu Isenburg 2.

–: »Resources of Survival,« a public lecture given at the University of South Africa in Pretoria on June 24, 1986. Videotapes (VHS and Beta) and Audiotapes available from the University of South Africa, P.O. Box 392, 0001 Pretoria, Republic of South Africa.

–: Lecture at the First Brazilian Congress of Logotherapy in Rio de Janeiro on October 18, 1986. A video tape available from the Centro de Psicologia Comunitaria, Caixa Postal 691, 13100 Campinas SP, Brasil. $ 60.00.

–: A Conversation with Professor Richard Evans of the University of Houston. A video tape (VHS or Beta) available from the Institute of Logotherapy, P.O. Box 2852, Saratoga, CA 95070, USA. $ 250.00.

–: The Rehumanization of Psychotherapy. (Address by Viktor E. Frankl in Texas when he received the John P. McGovern award.) A video tape (VHS or Beta) available from the Institute of Logotherapy, P.O. Box 2852, Saratoga, CA 95070, USA. $ 45.00.

–: An Interview by Patricia L. Starck with Viktor E. Frankl and Jerry Long, Jr. A video tape (VHS or Beta) available from the Institute of Logotherapy, P.O. Box 2852, Saratoga, CA 95070, USA. $ 35.00.

–: »The Will to Meaning,« a public lecture recorded at Dallas Brooks Hall, Melbourne (July 21st, 1985). A Videocassette ($ 75.00). Address inquiries to the Viktor Frankl Committee, P.O. Box 321, Boronia, 3155, Australia.

–: »Die Sinnfrage im technologischen Zeitalter.« (Vortrag, gehalten in Stuttgart am 3. 2. 1986 und gesendet vom Südwestfunk im Rahmen der »Tele-Akademie« am 5. 4. 1987.) Eine Videokassette. Bestellnummer: 3102/8704 (VHS) und 3202/8704 (Video 2000). Bestelladresse: Audiotex (Karlheinz Hammerle), Gra-

martweg 46d, A-6020 Innsbruck. Versand per Nachnahme.
Preis: öS 840.– inkl. 20% Mwst.

Frankl, Viktor E.: »Resources of Survival,« a lecture given at
Southern Methodist University on November 12, 1987. A video-
cassette available at the Department of SMU, 103 Fondren
Library West, Dallas, Texas 75275. $ 4000.

–: »Pharmazie zwischen Vergötzung und Verteufelung.« Festvortrag auf der Wissenschaftlichen Tagung der Österreichischen
Pharmazeutischen Gesellschaft am 6. April 1988 (Großer Fest-
saal der Universität Wien). Medizinischer Video-Club, Postfach
03, A-1204 Wien.

–: »The Defiant Power of the Human Spirit: A Message of Meaning in a Chaotic World.« Address at the Berkeley Commu-
nity Theater, November 2, 1979. A 90-minute cassette tape,
$ 6.00. Available at the Institute of Logotherapy, P.O. Box
2852, Saratoga, CA 95070, USA.

–: »Unsere Zeit und ihre Ängste.« (Vortrag im Club Confronta-
tion in Vöcklabruck am 8. April 1981.) Kassette erhältlich
durch Frau Erika Heinisch, Prinz-Eugen-Straße 4, A-4840
Vöcklabruck (öS 150).

–: »...trotzdem hat das Leben einen Sinn (Argumente für einen
tragischen Optimismus).« (Vortrag im Tiroler Landestheater
am 10. Juni 1983.) Bestellnummer: 1150/8306. Bestelladresse:
Audiotex (Karlheinz Hammerle), Gramartweg 46d, A-6020
Innsbruck. Versand per Nachnahme. Preis: öS 140.– incl.
20% Mehrwertsteuer. Audiokassette.

–: »Bewältigung der Vergänglichkeit.« (Vortrag im Funkhaus
Dornbirn am 23. Oktober 1984.) Bestellnummer: 1350/8410.
Bestelladresse: Audiotex (Karlheinz Hammerle), Gramartweg 46d, A-6020 Innsbruck. Versand per Nachnahme. Preis:
öS 130.– incl. 20% Mwst. Audiokassette.

–: »Man in Search of Ultimate Meaning,« Oskar Pfister Award
Lecture at the American Psychiatric Association's annual
meeting (Dallas, 1985). Audiocassette (L 19-186-85) produced
by Audio Transcripts, 610 Madison Street, Alexandria, Virginia 22314 ($ 10.00).

–: »Man in Search of Meaning. The Philosophical Foundations
of Logotherapy,« a lecture given on November 22, 1986 at
the Open Philosophical University, Bilthoven, The Netherlands. An audiocassette (3017–1186) available from Teksto-
taal, P.O. Box 9264, 3506 GG Utrecht, The Netherlands.
Price: USD 8.00.

–: »Der Mensch auf der Suche nach Sinn. (Empirische und klinische Befunde.)« (Vortrag in der Universität Graz am 7.

April 1987.) Bestellnummer: 1920/8704. Bestelladresse: Audiotex (Karlheinz Hammerle), Gramartweg 46 d, A-6020 Innsbruck. Versand per Nachnahme. Preis: öS 130.– inkl. 20% Mwst. Audiokassette.

Frankl, Viktor E.: »Kollektiv und Person: Zur Kritik der Kollektivschuld-Lüge« (Vortrag im ORF-Landesstudio Vorarlberg am 2. November 1987). Bestelladresse: ORF-Landesstudio Vorarlberg, Postfach 9, A-6851 Dornbirn (Tel.: 05572–64681). Preis: öS 100.– inkl. Versand. Audiokassette.

–, Robin W. Goodenough, Iver Hand, Oliver A. Phillips, and Edith Weisskopf-Joelson: »Logotherapy: Theory and Practice. A Symposium Sponsored by the Division of Psychotherapy of the American Psychological Association«, an audiotape. Address inquiries concerning availability to Division of Psychotherapy. American Psychological Association, 1200 Seventeenth Street, N.W., Washington, D.C. 20036.

–, and Huston Smith: »Value Dimensions in Teaching«, a color television film produced by Hollywood Animators, Inc., for the California Junior College Association. Rental or purchase through Dr. Rex Wignall, Director, Chaffey College, Alta Loma, CA 91701.

Laengle, Alfried, Viktor E. Frankl und M. Kriegl: »Die Wahrheit am Krankenbett (Arzt und Pflege zwischen Sachlichkeit und Menschlichkeit).« Ein Vortragsabend im Rudolfinerhaus (26. Jänner 1988). Medizinischer Video-Club, Postfach 03, A-1204 Wien.

Leslie, Robert C., (moderator) with Joseph Fabry and Mary Ann Finch: »A Conversation with Viktor E. Frankl on Occasion of the Inauguration of the ›Frankl Library and Memorabilia‹ at the Graduate Theological Union on February 12, 1977«. Copies of the videotape may be obtained from Professor Robert C. Leslie, 1798 Scenic Avenue, Berkeley, California 94709.

»The Humanistic Revolution: Pioneers in Perspective«, interviews with leading humanistic psychologists: Abraham Maslow, Gardner Murphy, Carl Rogers, Rollo May, Paul Tillich, Frederick Perls, Viktor Frankl and Alan Watts. Psychological Films, 3334 East Coast Highway, Suite 252, Corona Del Mar, California 92625. Sale $ 250; rental $ 20.

Sachregister

Autorenregister

Weitere Werke von Viktor E. Frankl

...trotzdem Ja zum Leben sagen
Ein Psychologe erlebt das Konzentrationslager 13. Auflage
dtv 10023, München 1988
(Eine Sonderausgabe für den Deutschunterricht an japanischen
Schulen erschien in Tokyo.)

»Frankls Buch kann als eines der großen documents humains
unserer Zeit angesehen werden.«
Professor Dr. Herbert Spiegelberg (Washington University)

»Ein Buch, das sich nicht überleben wird.«
»Rhein-Neckar-Zeitung«

»Dieses meisterhafte Werk gehört zum kostbaren Bestand jener
säkularen Literatur, in der Grundwahrheiten unseres Jahrhunderts manifest werden.«
»Deutschland-Berichte«

»...kann zu dem Schönsten und Zartesten deutscher Prosa gezählt werden.«
»Geist und Leben«

Ärztliche Seelsorge
Grundlagen der Logotherapie und Existenzanalyse, 14. Auflage
Fischer Taschenbuch 42302, Frankfurt am Main 1987

»Perhaps, the most significant thinking since Freud and Adler.«
»The American Journal of Psychiatry«

»Wohl der entschiedenste Vorstoß, den die analytische Therapie
seit Freud gemacht hat.«
*Prof. Dr. H. Kranz im »Zentralblatt für die gesamte Neurologie
und Psychiatrie«*

»Ein wissenschaftlicher Bestseller: der wohl bedeutendste Versuch, sich theoretisch von der Freudschen Grundposition zu lösen.«
»Zentraler Lektoratsdienst für öffentliche Bibliotheken«

Die Sinnfrage in der Psychotherapie
2. Auflage
Serie Piper 214, München 1985

»Die Ansichten, die Professor Frankl in seinen Büchern vertritt, bedeuten den wichtigsten Beitrag auf dem Gebiet der Psychotherapie seit den Tagen von Freud, Adler und Jung. Und sein Stil ist bei weitem lesbarer.«
Sir Cyril Burt (Präsident der British Psychological Society)

Der Wille zum Sinn
Ausgewählte Vorträge über Logotherapie, 3. Auflage
Hans Huber, Bern 1982

»Ich glaube, daß die Arbeiten von Frankl der wichtigste Beitrag zur Psychotherapie seit Freud sind.«
Professor Dr. F. Hoff in der »Therapiewoche«

Die Psychotherapie in der Praxis
Eine kasuistische Einführung für Ärzte, 5. Auflage
Serie Piper 475, München 1986

»Die Stärke des Buches liegt in seiner Unvoreingenommenheit, Lebensnähe und seinem Einfallsreichtum.... das psychotherapeutische Brevier eines Praktikers, der sich nicht scheut, die Tatsachen über die Autoritäten zu stellen.«
»Zentralblatt für die gesamte Neurologie und Psychiatrie«

»Man kann nur hoffen, daß jeder, der sich ernsthaft der Psychotherapie zuwendet und sie mit maximalem Nutzen für seine Patienten betreiben will, diese grundlegende Schrift V. E. Frankls wirklich zur Kenntnis nimmt.«
Prof. Dr. Karl Seidel (Direktor der Nervenklinik der Charité) in »Psychiatrie, Neurologie und medizinische Psychologie« (DDR)

Der leidende Mensch
Anthropologische Grundlagen der Psychotherapie, 3. Auflage
Huber, Bern 1982

»Vollgepackt mit empirischen Ergebnissen – in einer gut lesbaren und verständlichen Sprache verfaßt – eine Seltenheit bei wissenschaftlicher Literatur.«
»Die Tat«

Psychotherapie für den Laien
Rundfunkvorträge über Seelenheilkunde, 12. Auflage
Herderbücherei 387, Freiburg im Breisgau 1986

»Die Darstellungen sind in allgemeinverständlicher Form gehalten, ohne die eigene Schulrichtung in den Vordergrund zu rükken.«
»Psychologie und Praxis«

»In diesem Bande sind im besten Sinn allgemeinverständliche Rundfunksendungen des weltbekannten Wissenschaftlers sehr glücklich zusammengestellt. Sie vermitteln nicht nur ohne jede Effekthascherei Einblick in die moderne Psychiatrie, der Band enthält auch echte Lebenshilfe für fragende, suchende, leidende Menschen.«
»Die Zeit im Buch«

Theorie und Therapie der Neurosen
Einführung in Logotherapie und Existenzanalyse, 6. Auflage
Ernst Reinhardt, München 1987

»Das ganze Buch zeichnet sich aus durch eine heute selten gewordene Klarheit des Ausdruckes, durch Brillanz und zwingende Logik der Gedankenführung.«
»Der praktische Arzt«

»Frankls blendende Diktion und die reiche Kasuistik aus eigener Praxis und der seiner Schüler in Europa und Übersee machen die Lektüre des Buches zum Vergnügen.«
»Österreichische Krankenhaus-Zeitschrift«

Das Leiden am sinnlosen Leben
Psychotherapie für heute, 10. Auflage
Herderbücherei 615, Freiburg im Breisgau 1987

»Dieser Band ist so dicht, so erfüllt von glühendem Humanismus, so reich an Dokumentation, und seine kritischen Stellungnahmen sind so besonnen, daß er minutiös gelesen zu werden verdient, Seite für Seite.«
»Annales médico-psychologiques«

Der Mensch vor der Frage nach dem Sinn
Eine Auswahl aus dem Gesamtwerk, 6. Auflage
Serie Piper 289, München 1988

»Frankls Antwort auf die Frage nach dem Sinn ist von Bedeutung, weil sie, obwohl wissenschaftlich abgesichert, verständlich und optimistisch ist.«
»Schweizerische Akademiker- und Studentenzeitung«

Logotherapie und Existenzanalyse
Texte aus fünf Jahrzehnten
Piper, München 1987

»Eine Technik der Menschlichkeit, die vor der Unmenschlichkeit der Technik bewahrt.«
Frankfurter Allgemeine Zeitung

Logotherapie und Existenzanalyse
Texte aus fünf Jahrzehnten

»Gäbe es Frankls Werk nicht, wir bräuchten es dringend. Gerade heute, wo Zukunftsängste und Sinnkrise bei jungen Menschen – und nicht nur bei ihnen – so deutlich ausgeprägt sind wie möglicherweise niemals zuvor.«
Bild der Wissenschaft

Im Anfang war der Sinn
Franz Kreuzer im Gespräch mit Viktor Frankl, 2. Auflage
Serie Piper 520, München 1986

Man's Search for Meaning
An Introduction to Logotherapy, 77. Auflage
Simon and Schuster, New York 1987

»I can only state that if you read one book this year, Dr. Frankl's book should be that one. It is the most important contribution to psychiatry since the writings of Freud.«
»Los Angeles Times«

Psychotherapy and Existentialism
Selected Papers on Logotherapy, 12. Auflage
Simon and Schuster, New York 1985

»Dr. Frankl's contribution to psychotherapy has been great. He is perhaps the only non-behaviorist to have contributed a method to behavior therapy. The modesty with which he has put forward his important work has been remarkable.«

Prof. Dr. Joseph Wolpe

The Will to Meaning
Foundations and Applications of Logotherapy, 10. Auflage
New American Library, New York 1987

»Frankl developed his ideas now generally known as the Third School of Viennese Psychiatry – the School of Logotherapy. The incredible attempts to dehumanize man at the concentration camps of Auschwitz and Dachau led Frankl to commence the humanization of psychiatry through logotherapy.«

Prof. Dr. Gerald F. Kreyche

The Unheard Cry for Meaning
Psychotherapy and Humanism, 8. Auflage
Simon and Schuster, New York 1985

»I regard this book as one of the outstanding contributions to psychological thought in the last fifty years.«

Prof. Dr. Carl R. Rogers

Viktor E. Frankl

... trotzdem Ja zum Leben sagen

Ein Psychologe erlebt das Konzentrationslager
197 Seiten. Gebunden

»... Dieses Buch bezeugt, wie Menschlichkeit dazu
helfen kann, daß Sterbende als Sieger (Überwinder)
sterben ... Es geht jeden an, der erkennen möchte,
was der Mensch dem Menschen antun, aber auch,
wie ein Mensch sein Leiden tragen kann.«
Deutsches Pfarrerblatt

»... Im übrigen spricht der berichtende Teil für sich
selbst. Er ist mehr als ein Dokument lang vergange-
ner Zeit. Er ist eine Lehre zum Überwinden eines
unvorstellbaren Schreckens. Wer sagt uns, daß wir,
ob nun da oder dort auf dem politischen Globus
scheinbar befriedet und gesichert leben, solche
Lehre nicht über Nacht wieder einmal nötig haben
könnten?«
Stuttgarter Zeitung

»... Der Hauptwert des kleinen Bandes liegt im Unterschied zu anderen KZ-Büchern darin, daß gerade
in unmenschlichster Umgebung Sinn und Wert des
Menschenlebens herausgearbeitet ist.«
Zürichsee-Zeitung

Kösel-Verlag